Dante Alighieri

La Floria Comedia dell'Arsiccio

Dante Alighieri

La Floria Comedia dell'Arsiccio

ISBN/EAN: 9783742874757

Manufactured in Europe, USA, Canada, Australia, Japa

Cover: Foto ©ninafisch / pixelio.de

Manufactured and distributed by brebook publishing software (www.brebook.com)

Dante Alighieri

La Floria Comedia dell'Arsiccio

LA FLORIA
COMEDIA
DELL' ARSICCIO
Intronato.

Nuouamente stampata.

IN FIORENZA
APPRESSO I GIVNTI,
MDLX.

MEDIA
del
SICCIO:
Intronato.

N somma io non mene ricordo: egl'è necessario, se non uolete star qui tutta notte, ò che uoi me lo diciate, o che aspettiate, che io torni drento un'altra uolta à farmelo mettere meglio per la testa. N'ero piu che certo, che se io mi poneuo con simil gente, me ne auuerrebbe qualche male. Monache sai? che Diauol farebbon meglio andarsene in coro a dir l'Offitio, il mattutino, e la compieta. Mi impongono una cosa in mille modi: una di qua, l'altra di là; chi lo uuol per un uerso, chi per un' altro: chi affretta, chi adagio; un branco di Scotte, e di Cornacchie non fanno tanto romore. Mi marauiglio, che hauendo io per l'ordinario pochissimo ceruello non m'habbino cauato affatto del sentimento. Hora, che io mi son ricordato del sentimento, mi souuiene, che io ui haueuo a mettere in capo il sentimento di non so che lor comedia. Ei sentimento, non puo essere; perche se le ne hauesser più to, attenderebbono ad altro, che Comedie; & harebbon mandato altri, che me à diruı, che ue la uoglion fare questa cosa dico, questa comedia (pigliate le cose a buon uerso) la quale secondo che io ho sentito dire da lor medesime, ha piu tempo, che l'auolo del bisauolo, ancor che loro, postogli il nome nuouo di Flora, e rimutatala in qualche parte, la uoglion fare parere nuoua di tutto punto. faccin s'elle sanno, io per me non posso credere, che le sieno mai per fare cosa buona: e se pure facesser que-

A ij

PROLOGO

sta, mi do ad intendere, che la sarebbe la prima. Et perche hanno paura di non esser tassate, & apuntate da uoi, uorrebbono, e mi dissero, che ue lo dicessi, che se fra tanti, che uoi sete, ci fusse alcuno, che facesse il ghizzo, e'l santerello, che non puo essere che non ce ne sia se ne andasse fuori in ogni modo; perche loro non uogliono hauere à fare in questa cosa con simil persone, come quelle che gl'hanno a noia, e gli fuggono come il Diauol la Croce. Però io ue lo dico, se ce ne è alcuno, fuggasi presto, turisi gli orecchi, e non stia a sentir quello si dirà in questa Comedia, la quale non uoglio però ui presupponiate, che sia qualche cosa dishonesta: perche in essa si contien solo un Fortunio gentilhuomo Fiorẽtino innamorato di Floria serua d'un ruffiano domandato Filarco cerca con inganni di hauerla nelle mani, e per ordine di un suo seruitore, lo fa cadere in pena della ròba, e della uita. Sopragiunge in questo Ruberto Fregoso Genouese, e ritruoua, che l'amata giouane è sua figlia, la quale dà per moglie all'innamorato Fortunio; si che uoi sentite hora quel che ci possi esser di male, e di cattiuo; pure se ce ne fusse punto, che nol credo, lassatelo andare, e pigliate il buono, che ci sarà da accommodare ognuno della parte sua; però ponetui giu & assettateui bene; accioche lo possiate riceuere acconciamente: che io non uorrei però, che stando sorse a disagio: non uenisse a farui male cõ muouerui doglia di testa, o di stomaco, o qualche altra cosa, che ui disturbasse, che uoi non poteste riceuere in uoi, e ritenere a mente tutta la Comedia intendetemi? che

PROLOGO

dite? uoi non rispondete? hauete inteso ben quel ch'io ho detto? hoo, se hauete inteso, basta. Hora imaginateui, che quel luogo sia la Città di Firenze; Questa sia la casa d'un gentilhuomo Fiorentino, e questa la casa d'un ruffiano; tenete a mente, accioche uoi non errasse poi l'uscio. La fanciulla, che ha in casa questo Ruffiano, in uero la non è schiaua, anzi è figlia d'un gentilhuomo Genouese, che uedrete uenire al fine della Comedia. Questa strada fate conto, che sia la uia de Serui, e di qui si uada alla Nuntiata. Di qua fate conto si uada in mercato, e ua discorrendo. Quel che io ero uenuto per dirui principalmente, mi si è scordato, e non so, se io me lo ho detto: fate conto di sì, e non uene marauigliate; perche il mio nome è l'Oblio, pure se presterete grata audientia a questi che gia ne uengon di qua, da loro saperete il tutto a pieno.

A iij

ATTO PRIMO
SCENA PRIMA.
Fortunio giouane, Stornello seruo.

Quanta speranza mi è restata al mondo, sei tu Stornello, e nessuno altro soccorso aspetto che'l tuo consiglio: O Dio, mi ricordo pure, che con il tuo aiuto, e mercè delle tue astutie, io sono uscito a miei giorni di infiniti pericoli.

Stor. E io mi ricordo, che hieri per non niente mi caricaste di bastonate a legge d'Asino.

For. Assottiglia un poco il tuo ingegno; tu sei pure tristo quando uuoi; uedi di trouarci qualche sesto.

Stor. Tu mi caui del sesto, con queste tue maladette bastonate. Io mi marauiglio, come io non sono qualche uolta pazzo affatto.

For. Tu hai il torto, Stornello, che non ho nessuno, al quale io uoglia meglio che a te, nè nessuno a chi io confidi i miei segreti, come fo a te.

Stor. Hor così fà, dammi delle panzane; chi ci uuol bene ci bacia, non ci bastona. hai inteso?

For. E il mio Stornello, ancor che io m'adiri alle uolte tecò, non per questo ti porto manco amore; & a fare altrimenti harei il torto: perche tu mi serui fedelmente, e m'hai fatti infiniti piaceri: ma sta sicuro che te ne rimeriterò.

Stor. Faresti il tuo douere.

For. Lo farò per certo, e mostrerotti, ch'io son ricordeuole de benefitij riceuuti, e farò che ti loderai sempre di Fortunio, uuoi altro?

Stor. Che tu non mi dia, non uoglio altro da te io. che queste tue carezze greche non mi uanno troppo giù: ti dico il uero.

PRIMO

For. O lasciamo andar un pò queste busse.
Stor. Merda le mi dolgono.
For. A dirti il uero, mi ti attrauersasti intorno in quel che io haueua altra fantasia, e mi montò un fummo che harei dato alla croce.
Stor. Io per questo son bello, e guarito si sì.
For. Hor su lasciali ire, il mio Stornello galante.
Stor. Tu mi rompi le spalle, e poi mi uuoi confortare con gl'aghetti: queste tue paroline so quel, che le uoglion dire.
For. Vendicati su, che Diauol sarà? rendimele: fa quel che tu uuoi.
Stor. Sappi che io tene renderei parecchi uolentieri, s'io non hauessi paura di prestarle a usura: ma lascianle stare: che uuoi tu da me?
For. Che tu m'aiuti.
Stor. In che cosa?
For. In fare, ond'io.
Stor. Ho hou in cotesto lassa fare a me: poteui cercare, ma non trouare piu sufficiente di me.
For. Son disfatto, Stornello, sto male.
Stor. Ou Dio.
For. E non mene posso aiutare.
Stor. Ou Dio.
For. E hoggi il termine alla mia uita.
Stor. Ou Dio.
For. O ti dia il mal'anno poltrone mi scorgi?
Stor. Vedi come tu sei fatto, che scorgi, di pur uia, e lassa pensare à me, perche io dirò una cosa cō la bocca, e un'altra ne fantastico col ceruello.
For. Dico, ch'io sono innamorato di questa giouane sera

A iiij

ATTO

ua qui di questo Ruffiano.

Stor. Mel'hai detto a tuoi dì quattro mila uolte: di Flora: è uero?

For. Cosi non fussi, ch'io non sarei hora in tanto trauaglio, in quanto mi truouo.

Stor. Puo fare il mondo, che in tutta Fiorenza ci sieno tante gentil donne, che ti uerrebbono dietro, e che tu ami una, che non saria degna di scalzarti?

For. Che uuoi che facci?

Stor. Lassala andare.

For. Prima lasserei la uita.

Stor. E pouerello, se tu la uedessi co' miei occhi.

For. Che sarebbe?

Stor. La ti parrebbe la piu soda scagnardella, la piu brutta bertuccia, lordarella, nerachiuola, che nõ le uorrei esser uisto d'itorno, che Diauol ne uuoi fare?

For. La uoglio amare: non mi romper piu la testa. io non t'ho chiamato per questo, e se mi uuoi far piacere, fa ch'io non te la sentá piu biasimare: la mi piace. In lei è ogni mia speranza, ogni contento; e tutto il mondo non potrebbe fare, che io patissi di sentirmene dir male.

Stor. Io sto con te Fortunio, io non ti comando, ma sol ti consiglio: fa poi quel che ti piace.

For. Io non uoglio tuoi consigli in questo.

Stor. O in che gli uuoi?

For. In cauarla delle mani a questo ruffiano ribaldo, che ogni giorno piu mi stratia, a tale che gia m'ha condotto a dargliene tre mila ducati; e per farmi montar su, m'ha fatto intendere, che uuol cominciare a trarne guadagno un altro modo: e non me

ne posso aiutare.
Stor. Ho questa sarà poca fatica.
For. In che modo? Come può essere questo?
Stor. Per uia di ragione.
For. Dio il uolesse.
Stor. E'l uorrà per certo.
For. Dimmi in che modo?
Stor. In modo archetto ho ho. ma dimmi tu prima, che mi darai?
For. Quel che tu uuoi: da hora innāzi sia libero, bastati
Stor. Si: hor odi, hai costi cento ducati?
For. E mille n'ho, perche?
Stor. Bastan cento.
For. Che ne uuoi fare?
Stor. Non ti dare piu impaccio: lo saprai. Dimmi non è in casa Coreggiuolo quel uillano, che tu hai preso per guardiano delle caualle?
For. Si è, ma tu mi fai spiritare, che Diauolo ha da fare Coreggiuolo con Floria.
Stor. E tu mi fai disperare, e cosa lunga, e non importa il dirtelo, importa bene se costui uscisse di casa, e non lo potessimo poi hauere, o'l ruffiano prima lo uedesse, però uà a dirgli, che non parta.
For. Questo mi piace: uo, aspetta dunque.

SCENA SECONDA.
Stornello, Flora, Elesia, Fortunio.

Come Dio è Dio ci riesce questo tratto, e quā
to piu ci penso, tanto piu mi piace, e parmi son
dato sul naturale: & ancor che questo ruffiano sia
ribaldo Spagnolato, e cattiuo, egl'e auaro, e come
udirà il suono di cento scudi, gli parrà mill'anni di

cacciarſi coſtui in caſa, queſto e un laccio, che ſe tu
ci ti intrighi ruffian ruffiano, tu ci laſcerai le pen=
ne, uà pur uia ma ecco Floria, & Eleſia, che eſcon
di caſa, doue diauol uanno. Queſta prima, queſta
ladrina è colei, che ammazza il mio padrone, per
mia fè, ch'io lo uo chiamare. O la o Fortunio.

Flo. A chi mancaſſe faccenda, e uoleſſe hauerne d'auan
zo non facci altro, pigli acconciare una donna.
Ele. Perche?
Flo. Come perche? O io ho uiſto, che queſta mattina da
che ſi fece di per fino a hora, nõ ci ſtam mai reſtate
tutte due di lauarci, fregarci, pulirci, pelarci, im=
brattarci, forbirci, liſciarci, ſdruſciarci, e preſſo,
che io non diſſi piſciarci ſu, che mi ſon ſi ſtrofinata,
che mi pare eſſere logora.
Ele. O non è piue?
Flo. E ſtate cheta, che mi s'è aggirato il capo ſolo a ue=
dere tanti uaſi, boſſoli, ferri, uetri mollette, ſpecchi
ſpogne, pettini, fuſi, e tanti ſtrumenti che ſarebbon
baſtati di lungo a fornire due botteghe di merciai,
ſenza l'acque lauorate, gl'olij, gl'unguenti, e colo=
ri l'ampolluze, poluari chiare, & altri infiniti
imbratti, che a pena i uo credere, che queſte due
ſerue l'habbin raſſettate al lor luogo domã da ſera
Ele. E coſi a pena poſſiam trouare gratia appreſſo de=
gl'huomini, a i quali hoggi neſſuna coſa manco pia
ce, che le donne, e maſſime a Fiorenza.
Flo. Egli è ben uero coteſto, ma ogni troppo è troppo,
e queſta è una gran faccenda.
For. O Dio ti facci di bene Stornello, che m'hai chiama
to a ſi dolce ſpettacolo.

Stor. A fe che io meriterei per questo che tu mi lasciassi
dare questa mattina un'assalto alla Tedesca al tuo
moscadello; faralo?
For. Leuati lassami stare, sta queto.
Stor. Io sto queto.
For. E taci di gratia, se uuoi.
Ele. Sai come gl'interuiene di noi Floria come della ton
nina, che se la non è ben lauata, stropicciata, cotta,
e acconcia con aceto, ella puzza, imbrata, & è sì
schifa, che altrui non solo la uuole toccare, ma non
uuole che chi l'ha tocca segli accosti, così siam noi
donne, che senza i lisci, i profumi non trouiam can,
ne gatta, che ci musi.
Flo. O doue puziam però?
Ele. Bastati ua la facciam fine, assai è che gl'altri dichin
mal di noi, senza che noi stesse contiamo e nostri
difetti.
For. O Dio che cosa è appresso di te sì bella, e così leggiadra quanto quella, che io ueggio hora con gl'oc
chi miei? stornello, o stornello doue sei?
Stor. Qui eccomi, che uuoi, che dici? che ci è?
For. Non mi ti accostar tanto, che tu puzzi di uino co-
m'uno arlotto, guardami intorno, se ho cosa, che
non stia bene, se ho bruttura, o qualche pelluzo
nella cappa; guarda bene, non t'accostare, dico che
tu non m'appiccassi qualche cosa del tuo.
Ele. Fermati Floria questo trinciante casca piu da questa parte, che da quest'altra queste braccia porta-
le piu alte, non fare questa gobba, doue l'hai impa
rato; o la bella cosa, o non duri fatica a star così chi
nata.

ATTO

Flo. Ben sapete, che ci duro fatica, ma mi pare, che dia
una certa gratia.

Ele. Eglie la uerità, che da gratia, ma non sta bene à ogni persona stare piegata come un'arco, come ne ueggo cert'une che portan piu alto il culo, che le spalle, che par sempre ch'aspettin la soma.

Flo. Io faceuo cosi: perche uedeuo fare all'altre, e non sapeuo se gl'era piu ben, che male.

Ele. Horsu non lo far piu non dico gia, che tu non dia un poco d'atto poi che glie uenuta questa usanza: ma da un tempo un là si pendeua indreto: hora si pende innanzi. so ben io perche.

Flo. so per molto io queste cose. mi sa male, che non ci è lecito andare con le brache in capo, che io non posso hauer piu p male queste frasche, che noi facciamo

Ele. Io lo so per tuo bene, e uorrei che tu fussi la piu bella, la piu sauia, e la piu acconcia di questa terra, e mi sa male, che il nostro padrone è pouero.

For. Guarda stornello s'io ho ragione di stare male, guarda se gl'donna al mondo cosi leggiadra, e gentile, guarda il uiso diuino: guardala tutta, se si può uedere la piu delicata, e la piu nobil cosa quant'è costei.

Stor. Tu non uuoi ch'io dica.

For. Non che la non sia bella gratiosa non che la non sia diuina.

stor. Hiii hou.

For. Che uuoi dire?

stor. Ella è bella ueramente, amorosa, signorile, galante ma se'l dicesse tutto il mondo se la fusse un de Troni della settima gerarchia, e che la non mi uolesse

       bene le farei una manzuola.
For. O costei mi uuol bene.
stor. La tel dimostra male.
For. E che uuoi che la faccia?
stor. Che la ti contenti nel nome del Diauolo.
For. La non puo.
stor. O Dio te lo da ad intendere.
For. O io lo so.
stor. Perdonami tu intendi poco di questo mondo, e cre
       di a me che se l'haueſſe a far meco, la non mi fareb=
       be creder coteſte coſe, tutte poſſano quando le uo=
       gliano, ſe bene fuſſeno mille braccia sotto la terra,
       che almeno ui fuſſen tutte.
Flo. A me mi pare eſſer acconcia bene pur troppo.
Ele. Lo credo che ti paia; ma quando tu uedrai lo ſtratio
       dell'oro, e de drappi che fanno l'altre, ſtraſcinando
       ne quattro braccia per terra ti creperà il cuore.
Flo. Non ſiate in coteſto errore ſe le ſtraſcinaſſino quan
       t'oro, e quanti drappi sono in queſta terra nõ glien'
       ho inuidia, perche io ſtimo piu e buoni coſtumi, e la
       buona uita d'una donna; che tutte queſte coſe.
For. O Stornello uuo far: una coſa memorabile?
stor. si uoglio.
For. Va impiccati hor hora caldo caldo.
stor. Perche coſa?
For. Non hai ſentito quel che coſtei ha detto?
stor. si ho. Orbe per queſto?
For. Come o tu non ſe per udire a tuoi di coſa tanto de=
       gna, che ci fai in queſto mondo, tu ci sei debito ſe tu
       non fai ſtima, di coſi dolci, e coſi ſauie parole, fa a
       mio modo ua impiccati preſto.

stor. se tu mi uuoi far compagnia andiamo.
For. Io ci uoglio rimanere per sentir parlar costei.
stor. E io per mangiare, e bere qualche uolta di quello
tuo moscadello che mi pare molto soaue,e piu fo sti
ma di quello,che di quante donne sono al mondo.
Ele. E che harai fatto poi che tu sarai tenuta la miglior
donna del mondo;credi non morir per questo.
Flo. Cosi morißi io stasera,e non mi conduceßi a doma=
ne; che morrei contenta.
Ele. O come farai se Filarco ti uende a Fortunio, che t'
ha promessa per tre mila scudi; credi che ti uoglia
poi far monaca?
Flo. Non mene saprà male; ma mi parrà meglio stare
con Fortunio nobile,e gentile giouane; che a posta
di mille sciagurati.
Ele. Cotesto è uero:ma c'è un pericolo che poi che tu
gli sarai uenuta à noia non t i bisogni uenire a que=
sto che sarebbe molto peggio: ma lascia andare uà
la ti uo dire,che l'hauiamo intesa male.
Flo. A che cosa?
Ele. A uscire di casa si a buon'hora, che non trouere=
mo in chiesa altro,che fornaie, e fantesche, e simil
gente da qualche seruo poltrone.
stor. Do ti uenga il canchero nella faccia lercia sgan=
gherata:guarda chi uuol dir mal de seruitori come
se la fußi la regina d'Angio.ti so dire,che tu m'hai
chiaro.
Flo. Glie uero:ma poi che stamo in uia,che uogliã farè.
Ele. Andiam uia.
For. O stornello.
stor. Maladetto sia lo stornello,e la Lodola.

For. Eccolo che sò.
stor. Fatti innanzi ua uia.
For. Madonna fatemi gratia d'ascoltare due parole.
Flo. Io non desidero altro se non di non mi ti ueder intorno.
For. O Dio perche questo?
Flo. Basta se mi uuoi far piacere leuamiti dinanzi.
For. Dhe uita mia ditemi perche causa.
Flo. Non mi parlar lassami andar uia.
For. O Dio che ui ho fatto che uoi sete cosi corrucciata? rispondete almeno, che ho io fatto Elesta, che uuol dir questo?
Ele. Io per me nol so dimandane pur lei.
Flo. Venitene Elesia lassatelo stare cotesto ingannatore
For. Hai Floria in che u'ho io ingannata?
Flo. Nel mostrar di portarmi amore, falso bugiardo, non mi promettesti trarmi della seruitu di Filarco? halo fatto? basta che noi siam larghi di parole: cosi s'usa hoggi.
For. Io ui domando di gratia, che mi uogliate ascoltare quattro parole.
Flo. Non t'ascolterei s'io credessi essere Imperatrice, m'hai rouinata, giuntata, e ingannata non lo uedi. Tu sei cagione d'ogni mio affanno, e d'ogni mio male, e ancor dici, che ui sò? domani lo uedrai traditore.
For. Ringratiato sia Dio: hora u'intendo, o son cagion io di cotesto?
Flo. Tu tu ne sei cagione, tu non altri. s'io non hauessi hauuta fede in te, che tante uolte m'hai promesso mi sarei prouista in altro modo per uscir dalle mani

ATTO

di questo ruffiano, hor che dici sene colpa tu?

stor. Stà a uedere la comincia a uoltare ou donne del dia
uolo faren ben la pace sì.

For. Se fusse restato da me, ch'io non hauessi uoluto dare
a Filarco cioche domandaua: uoi hareste ragione,
ma gl'ho uoluto dare tre mila scudi, e non gl'ha uo
luti. e se non credete, che sia uero, io gli darò a uoi,
che ben ui posso dare tre mila scudi, poiche u'ho do
nato il cuore.

Flor. Ne tuo oro, ne tuo argeto apprezzo io Fortunio,
ne altro desidero io, che d'essere libera.

For. Se fusse in mio arbitrio darui la libertà, & io non lo
facesse allora ui potreste doler di me, & hareste ra
gione di non uolermi uedere, e se in quel che io
posso, io manco inconto nessuno fatemi il peggio,
che potete: eccomi pronto a patire ogni supplitio.

Flo. Se gl'è così Fortunio io non mi dolgo dunque di te,
ma mi doglio bene della mia trista sorte, che mi ha
condotta a essere serua d'un ruffiano.

stor. Non piangete state di buon animo io prometto di
liberarui non dubitate.

Flor. Se tu facessi cosa buona faresti da piu del tuo padro
ne stornello.

For. Hai Floria hauete ragione, ma non passerà forse do
mane, che non direte così.

Ele. Horsu ua la Floria costoro ti daranno parole tut=
t'hoggi.

stor. Ti dirò noi serbiamo e fatti per te.

Ele. E il grosso che ti uenga carogna.

stor. E petarda lo uorresti il grosso.

Ele. Se tu non mi ti lieui d'intorno.

stor. Hai

Stor. Hai crudelaccia io son pure il tuo Stornello: uuomi morto bocca bella?
Flo. Horsu a Dio Fortunio.
For. A Dio anima mia e doue andate?
Ele. Alla Nuntiata alla festa.
For. Andate in pace.
Stor. Col Diauol, che uene porti almeno.

SCENA TERZA.

Fortunio, Stornello.

STornello tu senti: qui bisogna affretarsi a causa costei delle mani del ruffiano.
Stor. Io ho bello e trouato il modo gia un pezzo:
For. Quale? dimmelo.
Stor. Tu sai, che gl'è una legge, che chi terrà nascosti i seruitori d'altri castri in pena della robba, e ciò che gl'ha sia del padron del seruitore nascosto.
For. Poi che ha da essere?
Stor. Lassami dire poi uoglio, che Coreggiuolo uada al ruffiano, e gli dica, che s'il ruffiano lo uuol tener in casa lui gli darà e cento scudi, ch'io t'ho chiesto, che tu mi dia.   For. Ancor non lo intendo.
Stor. Poi uoglio, che come l'harà preso in casa, che lo piglierà per auaritia di cento scudi, che noi facciam prouare, che il ruffiano habbi in casa il tuo seruitore, e che lui te lo nieghi, fatto questo uattene alla ragione, che subito ti sarà dato cioche il ruffiano ha al modo, e così ti sarà data ancora Floria ancora intendi
For. Intendo ma chi saran costoro, che proueranno?
Stor. Ti bisogna cercar due huomini di fede, che facilmente li trouerai.

Floria Comedia.   B

For. *E doue gl'ho a trouare?*
Stor. *Nella tua scarsella cercaui.*
For. *Qui non è se non danari Stornello.*
Stor. *Basta se u'è danari, ui è huomini, e cō un par di scudi innanzi, che tu sia in mercato nuouo trouerrai mille, che uerranno, che farebbon maggior ribalderie, che non è questa.*
For. *Non lo credo gia io cotesto.*
Stor. *Lo credo ben'io; anzi ne son certissimo.*
For. *Tu penfi forse che tutti gl'huomini fien fatti come te*
Stor. *Cosi gli ueniſſe il mal di san Lazero, come ci son du=mila, che al suono di uenti cratie farebbon molto peggio, e uolentieri.*
For. *Pero ua cercali tu che sai conoscere gl'huomini, e fa=perrali scegliere al proposito.*
Stor. *E bisogna, che tu ci uadi tu, che io harò faccenda a maestrar questa bestia, e traueſtirlo de miei panni.*
For. *Dhe uacci tu.*
Stor. *O be tu uuoi, che io facci ogni cosa io: se tu uorrai Floria tu ci anderai da te.*
For. *Mi pare hauer le corna quando io penso a questo inganno.*
Stor. *Egl'è una marauiglia, e per Dio e mi par uedere che tu non debbi star mal di costei, e la debbi amar poco sì come amano poco tutti gl'altri di questa terra l'altre donne.*
For. *Horsù t'intendo: mi bisogna andare.*
Stor. *O là e cento ducati dagli qua, ch'io insegni a costui come gl'ha fare.*
For. *To uno, dua, e tre.*
Stor. *E non gli star a nouerare; metti giu se tu uuoi.*

For. Horsu io mi fido di te, se son piu serbali.
Stor. Non dubitar ua pur uia col mal anno.
For. A quel ch'io son condotto, mi bisogna obbedir al ser
uitore, e si sta: cosi uuol chi puo.
Stor. O Stornello che farai? tu uedi, o son belli, o poltrone, ch'aspetti, che tu non ti uai con Dio; fuggiti mani
goldo, fuggiti, che sei un signore mira qui, ma doue
anderò? o dappoco egl'è pur grande il mondo, che
fo? E io son il bel castrone, uo cercando il male come
e medici. Questi possono esser poi cento cinquanta
ducati. E poi che sarei: non harei piu bene, egl'è una
bella uita mangiar col capo nel sacco, io son seruitore, io mi sta, egl'è un bel che hauer a pensare alla casa, al pane, al uino, all'olio, alle legna, al calzare, al
uestire, & a questi tempi, che non è cosa che non costi un'occhio d'huomo, oime, ohme quanti fastidij. non
io, non io, habbisegli pur lui questi pensieri, oltre che
mi potrei bello, e dare in una cauezza, e sai se la lusti-
tia ua per filo. a Dio. s. Francesco, mi mette meglio at
tendere a quel che ho cominciato. lassami ire.

SCENA QVARTA.

Filarco, Ruffiano, Corbello, Fiorentino
Seruitore.

E Sci qua Fiorentin, non m'intendi porco pezzo d'Asino.   Cor. Che ce egli?
Fil. Guarda raza d'huomini, che mangiono il mio? che
faceui?
Cor. Nulla: io ero quiui ritto entro la cella, che guataua
d'una panca, che noi hauiam perduta.
Fil. Se l'è persa gaglioffo, gaglioffo, perche non sei sta-

B ij

ATTO

to dreto a quelle donne stamatina?
Cor. Non l'ho io uedute uscir di casa, oue son elleno ite?
Fil. Tu hai ben beuuto poltrone, a questo sei tu buono.
Cor. Al sangue della uita nō ho, ch'io sono anche digiuno.
Fil. O furfante non t'ho ueduto con quest'occhi.
Cor. Egl'era a punto un ciantellino, ch'io trouai quiui nun mezettino, uolcui tu, che si gettaßi uia.
Fil. Egl'è molto piu che gittato quel che tu hai beuuto tu
Cor. Tant'è: in fatti ho io fatto altro?
Fil. Hai scopato la casa questa mattina?
Cor. Io nō mi posi teco p far questo, ne manco lo uo fare.
Fil. Tu spazerai, e a un bisogno ti farò lauare le scudelle, che credeui merlone, che io ti teneßi per mondare l'unoua he?
Cor. Facciamo il conto mio, e dammi e miei danari, ch'io mene uoglio andare.
Fil. E io uoglio, che tene uada, noi stam d'accordo, uatti con Dio presto.
Cor. Facciamo il conto mio, non mi uuo tu pagare?
Fil. E che hai hauere?
Cor. Io sono stato teco un'anno à sette Carlini il mese, sono ottantaquattro Carlini; che sono quarantadue lire, sei scudi apunto tanto ho da hauere?
Fil. Hai tu hauto niente da me.
Cor. Nulla, ch'io mi rammenti.
Fil. Do ghiottone non pagai io al sopraſtante delle stinche due scudi per cauarti di prigione ladroncello?
Cor. Io non so io e casi tuoi, tanto māco ho d'hauere dūq;.
Fil. Non hai haute un par di calze, un colletto, un giubbone, una beretta, un par di scarpe, e mille cose, che ciarli, io resto hauer da te in grosso.

PRIMO.

Cor. Non me l'hai tu donate queste cose?

Fil. Che donate sei huomo da donarti he? in oltre cotesto tabarro halo compro del tuo?

Cor. Voi non hauete a far nulla di questo, e me l'ha donato Fortunio.

Fil. E perche te l'ha donato questo pe tuo begl'occhi, e ben lo uuo uedere uà là spogliati di quel che tu hai in dosso e pigliati e panni, che tu ci recasti, ch'io intendo di farti uedere, che quel che t'è stato donato in casa mia è mio, e non tuo, uà là spogliati.

Cor. Elle non son tue, non son tue, se tu non mel'uuoi rubare.

Fil. Do sbirro traditore, che rubare, ladro manigoldo, uà là spoglia presto.

Cor. E lasciami andare, io mi spogliarò, non mi dare, ascolta un pocolino.

Fil. Spogliati presto uà là.

Cor. Ecco non dare, io uo.

Fil: A questo modo ti uuo far auedere de tuoi errori; uà pur là, s'io uiuessi mill'anni, e ogni giorno hauessi à tor seruitori, mai piu mi metto in casa Fiorentini, questo furbo m'ha fatto in un'anno dumila tristitie, furatomi, e poi mi uiene innanzi con mille bugie, e mille ciurmarie, giuntatomi in tutte le cose, che io li feci mai fare, o che razza ladra e traditora è questa: io ho cercato gia mille modi di leuarmelo dinanzi: ma non ho hauuto mai forza di spiccarmelo da dosso. Ringratiato sia Dio, che forse mi si leuerà d'intorno, & in ogni modo per quel ch'io ne facci gl'era meglio, ch'io lo mandassi al sole gia dieci mesi. Esci qua? che fai? tu non odi?

B iij

Cor. Da ogni altro harei creduto questo, che da Filarco.
Fil. Non mi dar piu parole, uatti con Dio.
Cor. Tante in fatti io non uo star teco se tu non uuoi, ma io ti prego, che tu mi lasci e mia panni.
Fil. Che tuo panni: io ti uo lasciar una fune, che t'impiccchi per la gola te con quanti ne è de tuoi, uien oltre, che cosoggiata è questa, che m'hai tolto? mostra un poco, caua qua.
Cor. Le son le cosolline mia.
Fil. Do ladroncello son tua queste: guarda qui fino a un coltello, e una cintola si porta uia, de ghiotto poltro ne ti mancaua questo a farmi eh? hami tolto altro? mostra un poco.
Cor. Io non ho io altro guatami tutto.
Fil. Che è questo caual fuora, parti che questo sia ladro sottile, guarda qui.
Cor. Perche non mi uuoi tu dare il mio?
Fil. Ancora hai ardire di fare parola, caccia man per quella spada traditore.
Cor. Io non sto teco, non ci uo por mano o?
Fil. Vien qua poltrone aspetta.
Cor. Al nome sia di Dio se non ch'io non uo far briga per si poco t'harei risposto, legatelo a cintola pezzo di rubaldo, ma non è domane, che io mene uoglio andare al Duca, lascia lascia in fine io non mi terrè mai, ch'io non ti facessi quattro fica to to. parti ch'io habbia paura.

SCENA QVINTA.

Filarco Ruffiano, Godentio Parassito.

Garda quel che costui mi si è messo a furare, al sangue del Cielo, che fra ogni cosa, non ci è il ualere d'un Carlino, pensa se si sarebbe appiccato a una borsa. Fiorentino ho hou guarda la gamba, per Dio, che nascon tutti con le forche in corpo, e se gli ueggan per fin negli occhi.

God. Io credo certamente esser figliuolo della fame, perche mai dache io nacqui m'ha abbandonato, e so'l cõtrario degl'altri figliuoli, perche gl'altri sogliono esser accarezzati, e uezzeggiati dalla madre, io ho piu affanni per lei, ch'ella non hebbe per me a settemila doppi, perch'ella mi portò in corpo noue mesi, & io lho portata gia uenticinq; anni, ne ancor la posso partorire, la mi portò piccolo, & io la porto, e me la sento in corpo molto grande a tale, che ho paura, che la non sia una Gigantessa, mia madre mi portò in corpo senza denti, & io me la sento che ha zanne lunghe un palmo, con le quali mi diuora e mi dilacera tutto quanto. O Dio ho paura di non la hauere in corpo a trauerso: ma con tutto cio io l'ho da ringratiare pure di questo, che quãto io uo piu oltre in questa mia grauideza tãto meno mi gõfia il corpo anzi ogni di si fa piu smilzo, e piu asciutto, e se non truouo da mangiare, tra pochi di diuenterò la piu bella lanterna, che si uedessi mai.

Fil. Se io guardo ben costui, che uien qua è Godentio parassito.

God. E però se fusse nessuno, che hauesse bisogno d'uno da far ridere eccomi qui, che per un pacchio mi obligo a fargli uscire i dẽti per le risa, che da parecchi giorni in qua ho imparato mille nouellette, mille giuochi nuoui da tenere in festa, chi mi darà da mangiare.

Fil. Questa bestia fa un gran parlare da se a se. Che sò?

E iiij

se mi do in lui mi costa un desinare, questo è certo ch'io non me lo potrò spiccare da fianchi.

God. Mio padre mi disse, ch'io nacqui per la carestia, e p̄ questo forse ho sempre così gran uoglia di māgiare.

Fil. Voglio stare à udire quel che gli ansana.

God. E per mia uentura sono uenuto hoggi di una certa sorte d'huomini strascinati da cani, ch'hanno per mā co di tenermi a bada tutto il giorno, & di poi man= darmene senza cena, o senza desinare, che disputare in terra, e quando io son con loro, che sene uanno a mangiare: non mi inuiterebbono per tutto l'oro del mondo: basta che dicono hoggi t'aspetto in mercato Godentio uieni, o io ti so dire, che mi danno in tu gl' orecchi.

Fil. Il caso è che ti deßino nell'ossa.

God. O benedetta età de nostri antichi: mai era ch'io non fußi inuitato da tre, o quattro a un tratto, e fu tal se= ra, ch'io cenai due uolte, e tre ancora.

Fil. Credolo, & a pena uo pensare, che tu fußi satollo.

God. Hora per l'ultima mia rouina i trionfi, le cene, i desī nari i ritruoui sono stati sbāditi sì che io mi posso an dare a ficcare i un cesso o maladetta auaritia: puo fa re Iddio, che hoggi tu sia tanto grande.

Fil. In fine io non mi posso tenere di non meli accostare, o Godentio.

God. Chi sei che chiami Godentio?

Fil. Voltati in qua non mi conosci?

God. Eime no perdonami non conosco piu persona?

Fil. Che uuol dire?

God. La fame m'ha tolto il uedere se io non māgio un po= co in fine io non ti ueggo u sei.

Fil. son qui il mio Godentio galante.
God. Non son piu Godentio?
Fil. Perche?
God. Sono diuentato stentantio sai Filarco? o tu sta il ben trouato, doue uai?
Fil. Non so io tu che hai, che mi par mezzo morto?
God. O Filarco caro tu uedi son condotto al uerde, non posso piu: io mi darei per un pane.
Fil. Tu sguazzi Godentio, che uiui alle cacature degl'altri uccelli: ma lassa dire a me che nō mi truouo un soldo, e se'l Diauol non m'aiuta bisogna, che io mene ua da allo spedale, e non ho al mondo se nō una speranza.
God. Et io non ho piu nessuna Filarco se non te: ma io conosco, che io ti uengo troppo spesso a casa, perdonami non posso fare altro.
Fil. Tu ci potrai poco uenire, che tu non mi ci trouerrai
God. Oime tu mi ammazzi hora, e doue uai?
Fil. Allo spedale dico, non intendi ho perso in men di dieci giorni piu di trenta ducati, ho impegnato il cielo, di modo che non mi è rimasto piu nulla al mondo.
God. Diauol che non ti sia rimasto tanto, che noi facciamo cosi un poco di colitionetta leggiera, leggiera.
Fil. S'io non ti do la penna del letto, doue io dormo non ti saperrei dare altra colettione leggiera.
God. Non hai prouisto da mangiare questa mattina?
Fil. No che digiuno.
God. Che cosa è digiuno è buono a mangiare.
Fil. Si o gl'è buon lesso.
God. E Filarco i miti raccomando, andiamo tu, e io soli so li, e faremo una carbonatina con un poco di uino poi cene andaremo a spasso un pezzetto, che t'ho da ra=

gionare a lungo.   Fil. Di che cosa.
God. Buona per te.
Fil. Dimmela prima.
God. Non ueggo lume per la fame, e non posso trauollere la lingua in bocca, bastiti che fui hierſera con Fortunio, & t'ho da dire aſſai: ma beiam prima di gratia.
Fil. Volegli comprar costei? di il uero.
God. Si andiamo a bere, che io ti dirò il tutto.
Fil. Che ne sai tu?
God. Gli ho uiſto leuar dua mila scudi di baco de Capponi
Fil. Mene darà piu di quattro mila ſe la uorrà.
God. Non ti dich'io di quattro mila.
Fil. Tu mi diceſti di due tu.
God. Io ho tanta fame, e tanta sete, ch'io son fuor di me, mangiam prima ſe tu uuoi, ch'io ti poſſa dir cosa buona.
Fil. Andiamo e ancor ti uo fare ſguazzare p un tratto.
God. Mele in quella bocca andiamo, ch'io uengo di buon paſſo.

SCENA SESTA.

Fortunio, Ser Ghello, Ser Neri.

IO mi ho guardato quanto ho potuto di nõ menar uecchi per far piu preſto, & in ogni modo non l'ho colta, che io mi son dato in certi pigri, che nõ ce li poſſo condurre, che diauol nõ caminate un poco piu.
s. Ghe. Che uuoi, che noi uoliamo, mi pare caminare a me.
For. Nõ ti guardai alle polpe te, che io nõ ti menauo mai guarda che fondameto di gigante, e queſt'altro guarda ſe non pare impaſtoiato.
s. Ne. Io credo che tu penſi che noi ſtam barberi qua io.

For. Se uoi diceuate aſini forſe che ſi, che uoi non ſete man
co pigri.
s. Ghe. Oime, oime noi ſiamo impacciati.
For. O uoi non ſate dieci paſsi in tutto il di ſe uolete ca‑
minare, caminate che io ho fretta.
s. Ghe. Se tu hai fretta corri: noi non ſtiam teco per gar‑
zoni, e ſe tu uoleui; che noi giungeſsimo piu preſto ci
doueui chiamare hieri.
s. Ne. Il correre per le ſtrade è coſa da ſeruitori, a noi ſi
conuien andare piu piano.
For. Sé io ui haueſsi chiamato a deſinare: non e Ceruio che
fuſsi corſo con tal fretta, come hareſti fatto uoi, che
non è coſa che ui facci piu preſti, che il ſentire di ha‑
uere a ire à empiere la trippa alle ſpeſe del copagno
s. Ghe. Ancor che noi ſiam poueri, e plebei, nondimeno ha‑
uiam tanto a caſa noſtra, che noi potremo cauarci la
fame, quando noi uoleſsimo ſenza il tuo pane, e non
uorrei, che tu penſaſsi, che per duo ſcudi tignoſi ci uo
gliam mettere à crepare.
For. Caminate io non uoglio altro da uoi.
s. Ghe. Non uogliam caminare, hor uà.
For. Horſu uenite ch'io mi burlo con eſſo uoi.
s. Ne. Non uorremo però, che tu penſaſsi d'hauerci trouati
qui nella ſpazzatura.
For. E uenite: o uoi ſete molto ſdegnoſi.
s. Ne. O tu ci ſtai a dir uillania.
s. Ghe. Noi uorremo ancor, che tu cene preghi, e ancora
ci penſeremo a uenirci.
For. Horſu uenite uene prego aſpettateui, non dico, che ui
mettiate a ſcalmanare io.
s. Ghe. Se tu uuoi, che noi uenghiamo a queſto modo Dio co

bene, quanto che non, truoua altri; che noi non ſiam
buoni a correre.
For. Voi ſapete che queſta è una coſa, che hauete a fare,
che biſogna farla preſto, ſe non la non ci è per riu-
ſcire, però fate piu preſto almanco, che uoi potete.
s. Ne. Se non s'ha da fare altro queſta è breue coſa, non ac-
cade, che tu ci ſolleciti tanto.
For. Vi dirò ſe coſtui uſciſſe in tanto di caſa ſaria rotto il
diſegno, e però ui biſogna uſcire un poco di paſſo, o
diauol mi parete donne grauide.
s. Ghe. Tu fai uiſta d'hauer fretta, e mentre ſei quello, che
ci fai ſtar fermi con le tue chiacchiere, che nõ uai la?
For. Ricordateui del modo che uogliam tenere a giunta-
re queſto ruffiano.
s. Ghe. Diauol che tu penſi, che noi hauiam ſi poca memo-
ria, che cene ſtam dimenticati da mercato in qua.
For. O che io ui ueggo ſi pigri nell'andare, ch'io ui ho po
ca fede in tutte le coſe.
s. Ne. Se tu non ci hai fede, non biſogna che ci meni per tuoi
teſtimoni.
For. Io ui ho fede uenite qua, ma mi pare che uoi habbiate
i piedi cotti, non dico altro io.
s. Ghe. E io nõ ci uerrei ſe tu mi copriſſi d'oro, che uiene a
dir pie cotti?
For. O uoi ui adirate molto p̃ poco Ser Ghello mi giam
bo chiamatelo Ser Neri, uenite qua.
s. Ne. O Ser Ghello, horſu uenite poi che noi ſtam qui non
udite.
s Ghe. Che uenite ci dice il peggio, che può, e poi dice mi
burlo, non uo ſue burle.
s Ne. Horſu non ci dite piu uillania, andiamo preſto, ue-

PRIMO

nite Ser Ghello.

For. O uoi ſete sdegnoſo ser Ghello, credetti potere dire
a ſicurtà con uoi, altro che queſto, horſu ricordateui
di quel che ſi ha fare?

s. Ghe. Sie telho detto dieci uolte hauiamo a far un teſtimon
falſo, per ingannare queſto ruffiano, credi che ſia il
primo che habbiam fatto?

s. Ne. Noi lo ſappiamo Fortunio hora ſe tu uuoi, che coſtc=
ro qui intorno lo sappino diglieltu.

For. No no, ſe uoi lo sapete baſta, ſtate queti, entrate den=
tro preſto.

s Ghe. Entra la tu, che sai meglio la uia.

ATTO SECONDO.

SCENA PRIMA.

Stornello, Coreggiuolo villano.

Vien'oltre preſto hor, che non é neſſuno in nella
uia paſſa piu qua, camina.

Cor. A bell'agio, potta del cielo, tu hai una gran fretta.
Stor. Vedi la quella caſa.   Cor. Doue? è?
Stor. Di qua non la uedi.   Cor. No io.
Stor. Oue miri, uoltati di qua, uedila?
Cor. O choſi ſi i la ueggo laggamire.
Stor. Vien qua sai quel, che hai da fare.
Cor. O no io.
Stor. Doue uai dunque, domanda del ruffiano.
Cor. Qua riffiano, chi e è Chriſtiano?
Stor. Ben ſai beſtia el padrone li della caſa, buſſa li, e fa ui=
ſta d'eſſere foreſtiere, e di uoler alloggiare con eſſo
lui, e moſtrali coteſti danari.

ATTO

Cor. Quai?
Stor. Cotesti,che t'ho messi costi nel cinto.
Cor. O non son del padrone?
Stor. E lui è contento,che tu glieli dia intendi?
Cor. Ha ha,si si,lagha fare a me glieli do tutti e?
Stor. Si hor ua uia.
Cor. Dimmi un poco,e quanto ho star a tornare?
Stor. Aspettaci li non bisogna,che tu torni, uà uia,du uai?
Cor. Voglio ire a cercar il mio santambarco,chi l'ha ha=
　　uuto?
Stor. Lo hauuto io,ua uia tel serberò.
Cor. Horbe,che ho a fare?
Stor. Non te lo ho detto?　　　Cor. Non a me.
Stor. Va la a quella casa, batti quella porta domanda del
　　ruffiano,te lo ho gia detto dieci uolte, e guarda che
　　non ti uenga detto di star con Fortunio.
Cor. E con chi uuoi chi dica di stare?
Stor. Con nessuno di d'esser da giustrigone.
Cor. Da stregona, o gl'è un nome del Diauolo cotesto, ua
　　digliel tu.
Stor. Di d'esser donde tu uuoi pur che tu non dica di star
　　con Fortunio,no saprai fare?
Cor. O Dio non so io,che non uien tu con mene?
Stor. Che tu con me,bisogna che tu uada solo.
Cor. Enfine io ho paura, se tu uuoi che io ci uada, mena=
　　mici tu.　　　　　Stor. E di che hai paura?
Cor. Che tu non mi inchiappoli come hiarsera,quando tu
　　mi desti la farina in tu gl'occhi alle guagniel tu ridi a
　　Dio compare,monta qui su.
Stor. Tu sei il gran balordo,ua qua,du uai: ua uia chel pa
　　dron ti farà una gonella nuoua,sa presto,camina.

SECONDO

Cor. Dou'ho andar al ruffiano,e a che fare?
Stor. Non lo sai,che'l Diauol tene porti.
Cor. None ch'io nol so ho ho tu non uedi.
Stor. Te lo ho detto mille uolte, ua la batti quella porta.
Cor. Quale?
Stor. Quella li non telo ho moſtra non la uedi?
Cor. Ombe.
Stor. Domāda del padrone li,e digli quel ch'io t'ho detto.
Cor. che m'hai detto.
Stor. El canchero che ti magni, o tu sei il grā manigoldo.
Cor. coteſto non uo dir io a Dio bell'oſte,mi uorreſti fa=
re mazzare,o uacci tu.
Stor. credetti ben,che tu fuſſi ſciocco: ma non tanto,e uiē
qua,che diauol di beſtia ſei tu.
Cor. Beſtia sèi tu e tuoi parenti,nō ci uoglio ire ho ho ho.
Stor. Horſu, ſi ſi t'ho inteſo, qui biſogna cercar d'altro
partito che coſtui è troppo ignorante c ci potrebbe
rouinare, o Dio come ſi potrà fare? hou ſi ſi queſta
è buona,e mener a nuelo loro,ch'hor diranno il tutto,
certo queſta e la uia non ſtaremo a queſto pericolo,
in fine queſto è ſicuriſſimo, direm d'hauerlo trouato
a caſo ſi ſi,non ci penſiam piu ua là in caſa, entra la.
Cor. La gamire credi credi,che nō ci ſappia andar da me.
Stor. Hor uala ti so dire, ch'io mi poteuo abbattere poco
peggio, A ſino ſcorticato,che mi uien uoglia di rom=
perti l'oſſa.

SCENA SECONDA.

Godentio paraſsito, Filarco ruffiano.

HE he hou, o ringratiato ſia Dio in fine io ſto
pur ben un poco con piu agio in queſto mondo

hor ch'io ho beuuto un tratto. Ti prometto Filarco ch'io era uenuto a tale, ch'io non uedeuo piu doue io mi poneuo e piedi, hora pure he hu la ua un poco meglio potrò forse aspettare il desinare.

Fil. Come il desinare? al corpo del cielo, che tu hai mangiato tanto, ch'io credeuo, che tu potessi aspettare, sicuramente la cena.

God. E che ho mangiato però?

Fil. Come che hai mangiato tanto, che la mia famiglia, ne staua bene una settimana, tu hai mangiato un pezzo di schiena fredda, un cappone, un par di pippioni un tegame di tramesso una moza, & beuuto dua boccali di uino, diauol che tu non sie pieno.

God. Pieno? come pieno, tu sei nel grand'errore se tu credi, ch'io sia pur mezzo.

Fil. In fine io ero in questo errore o io son pieno io, e nō ho mangiato al terzo di te, e pur son piu grande.

God. Tu non l'intendi, il mio corpo non è fatto come quel degl'altri huomini, che hanno dentro il uentre, il fegato, il polmone, la milza, e questi intrighi.

Fil. O tu non l'hai queste cose?

God. Non credo però, che la gran fame, che porto in corpo continuamente, credo che me le habbi mangiate, e però da qui e qua giu è tutto, com'un sacco, hor pensa come quel che tu mi hai dato mangiare mi può hauere ripieno.

Fil. Se gl'è cosi tu hai ragione, ma cercati da qui innanzi d'altr'oste, che a casa mia non uerrai tu piu: ch'io credetti hauere a empiere gl'huomini, e non e sacchi.

God. Ha ha Filarco, la tua cortesia, non credo, che ti dica da uero.

Fil. Tu

SECONDO

Fil. Tu m'hai inteso.

God. E io so pure, che tu sei buon compagno.

Fil. Buon compagno a tua posta, non fare disegno di uenire a mangiare piu in casa mia.

God. Non uiddi mai come tu sei fatto io: uuoi perdere tante cortesie, che a tuoi dì m'hai fatto?

Fil. Elle non possono essere piu perse, che hauerle fatto a te.

God. Tu non lo sai bene, non diresti cosi, se tu sapessi quan t'util, che io ti sono.

Fil. E che diauol d'util mi fai?

God. In dir ben di te, o Dio tu non sai quello, che gl'è hauere amica questa lingua eh?

Fil. So ben quello, che gl'è l'hauer inimici i tuoi denti, che l'è una pessima inimicitia.

God. Se tu sentissi quel ch'io dico di te, e quanto ti lodo.

Fil. Vuomi fare un piacere? di di me il peggio, che tu puoi, e ua mangia altroue.

God. Hor ueggo bene, che tu non mi conosci, se tu mi cacciassi, se tu mi bastonassi, se mi impiccassi, non direi mai se non ben di te, ne resterei giorno, e notte d'affaticarmi in honore, e utile del mio Filarco gentile, cortese, e magnanimo; non ci pensare, che se tu mi scorticassi, non mi scordarei de benefitij riceuuti.

Fil. Il mio Godentio ualente, ua che per queste parole uoglio, che tu uenga a desinar meco questa mattina.

God. Farollo molto uolentieri, perche a un'huomo cortese, come sei tu non si puo fare maggior piacere. Il cōtrario auuiene con certi ricchi miseri, con certi aceti rinforzati, che qnando ueggon mangiar un boccon del loro; par che gl'esca un'occhio, e io, per farli di-

Floria Comedia. C

spetto, quando m'abbatto in questi, mi metto a crepare: tu intendi?

Fil. So, che tu hai ingegno; aspetta, ch'io serri la porta; che uoglio, che noi andiamo a spasso.

SCENA TERZA.

Ser Ghello, Ser Neri, Coreggiuolo,
Filarco, Godentio.

Vienci dreto alle seconde, e di, che sia uero ciò che noi diciamo.
s. Ne. Afferma ogn'hor ue.
Cor. Si si, bene, arri la.
s. Ne. Sta un poco piu ardito, tu non sai niente del ardito.
Cor. Io non ho schiudato il deusi, com'uoi: io non so fare tanti atti io.
s. Ghe. Tien cosi le mani in su fianchi, tu pari un'huomo di marmo.
Cor. Cosi?
s. Ghe. Si e hora stai ben, hor uien uia.
Fil. E mi pare, che mi uadi ogni cosa a trauerso. guarda, ho rotta la chiaue nel uolere serrare la porta, e uoldire, che questa notte mi pareua hauer fatta una certa quistione, & essere entrato in certi intrighi, in certe cose fantastiche, che tutta questa mattina poi mi hanno dato fastidio; che mi pare, che non mi possa in teruenire ben di cosa, che io faccia.
God. Et io sognaua questa notte, ch'io era tra conuiti, con tanti danari in mano, che pareua, che rouinasse il paradiso, tante starne, pippioni puu, e fecemi crescere in tal modo l'appetito, che mi leuai due hore e piu presto, ch'io non mi soglio leuare, per la gran fame, che

SECONDO 18

io haueua. Quante uolte credi,che io habbia sogna-
to d'essere in un lago d'unto, nel quale mi pareua,
che i fagiani,i capponi,e beccafichi,chi lesso,chi ar-
rosto notassino; e mi pareua tuffarmi nel brodo,e pigliar un cappone lardato, e mettermelo intero intero in bocca, come farei un fegatello,e nello stringere
i denti,mi pareua,che l'unto colassi di qua, e di là cō
una abondanza grande, e di là a un poco mi destaua
con le mani piene di uento;siche i sogni son tutte paz
zie.

s.Ne. Ecco il ruffiano,sta in ceruello, coreggiuolo.
Cor. Io sto in ciarauel;com'un paladino:lagate fare a me.
s.Ghe. Non dir niente,uedi,se non tolo dici amo.
Fil. In che manco fede ho,che tutti gli huomini,ma il piu
delle uolte i sogni tristi riescono.
s.Ghe. Salue,Filarco nostro.
Cod. Et io,che ho fatto?
s.Ghe. E tu quoque.
Cod. Merda in quella bella bocca dotta.
Fil. Che cercate uoi?
s.Ghe. Cerchiam te.
Fil. Eccomi qui, se uoi mi uolete, non andate piu là; uoi
m'hauete trouato.
Cod. Guarti, Filarco, tieni stretta la borsa,che questi son
due seri de maggior ribaldi,che habbia questa terra.
Fil. Voi udite, rispondete; dice a uoi.
s.Ghe. Noi non curiamo le sue parole:noi uogliam te.
Fil. Eccomi dico.
s.Ghe. Forte uogliamo a lungo.
Fil. S'egl'è cosa,che mi torni guadagno, io ui ascolterò,
quanto che no,io ho altre faccende, non posso atten-

C ij

dere hora: tornateci domani.

s. Ghe. Non penſare, che noi ti uogliam dare coſa neſſuna, e non creder guadagnare con eſſo noi.

God. Di queſto ti poſſo fare fede io, crediglielo, che ſono unguento da cancheri.

s. Ne. Se ben peggio, chel canchero tu, morto di fame.

God. Doh ſer guanciale ſgrandinato, guarda chi mi uuol dir morto di fame. di'l uero, rogareſti un contratto al buio, chi ui deſſe un mezo ſcudo?

s. Ghe. Rogaremo il mal'anno, che Dio ti dia.

Fil. Laſſate le parole con coſtui di gratia. Godentio, ſta un poco queto: che uolete?

s. Ne. cento ſcudi guadagni, ſe tu telo leui dinanzi.

Fil. Io ti prego Godentio, che tu non ci dia noia, ua un poco a ſpaſſo; e torna poi a deſinare.

God. Io farò quel che tu uuoi; ma guardati da queſti ladri che non tela appicchino.

s. Ghe. Queſto importuno di queſto Paraſito è ſtato per le uarti dinanzi il miglior partito, che ti ueniſſe gia un anno alle mani.

Fil. Quale, in che modo?

s. Ghe. Ma gl'è un diſpetto fare hoggi un piacere a uno, per che non ſi riconoſcono piu i ſeruitij; e chi li riceue, tã to gli hã a mente, quanto ti ſta innanzi.

Fil. Hauete uoi coteſto credere di me?

s. Ghe. No, anzi di quanti amici noi habbiamo, non hauiam penſato, che neſſuno ci ſappia, e ci uoglia riſtorare meglio che tu.

Fil. Laſſiamo ſtare, io m'ingegno, che chi mi fa bene, non riceua male da me.

s. Ghe. E ſotto queſta ſperanza ti habbiam menato colui,

SECONDO

che tu uedi li.
Fil. Che uolete, ch'io ne faccia?
s.Ne. Che tu lo scortichi.
Fil. E gl'ha ben uiso di castrone: chi è costui?
Cor. O Dio io sto a disagio, io criepo, e che ſi, ch'io mene
uo.
s.Ghe. Noi non lo sappiamo: ma mostra hauere danari, e
cerca chi lo tenga in casa.
Fil. Lassatel pur gouernare a me, se gl'ha dell'oro.
s.Ne. Egli ci ha detto di cento ducati, pensa che ne debba
hauer piu.
Fil. E hauegli mostri?
s.Ne. Si ha.
Fil. Darammene nessuno innanzi, se io lo piglio in casa?
s.Ghe. Tutti questi cento ti uuol dare, perche pensa di star-
ci qualche mese, e non si uuole hauere a dare impaccio di cosa alcuna.
Fil. Dite da uero?
s.Ghe. Da uerissimo: credimi.
Fil. Horsu chiamiamolo.
s.Ne. O Dio credo, che sta tristo quanto dentro uene capè
e fa il balordo meglio, che huomo, ch'io uedessi mai.
Fil. Diemi e danari, di poi faccia quello, che gli pare.
s.Ghe. Sei contento? chiamalo?
Fil. chiamatelo.
s.Ghe. Heusola.
Cor. O ti diè Dio io tul nodo del collo, non credi, ch'io sia
sordo: che uuoi?
s.Ne. Non odi, o coreggiuolo?
Cor. Ou ou, che uolete?
s.Ne. Vedi, uuol la baia, nō uedesti mai il maggior buffone

C iij

Cor. Eccomi, che ci è?
s. Ghe. Ecco qui chi ti cōtenterà di quanto tu hai domādato
Cor. E uero, dico il uero.
Fil. O che ne fai tu?
s. Ghe. Tu non intendi tene domanda te, digli, che ſia il uero
Fil. Tu uedrai, io ho meglio da feruirti di huomo, che ui ua, ſe tu hai danari.
s. Ne. Moſtragli e danari, che tu gli uuoi dare.
Cor. Quai? que' del padrone?
s. Ghe. Vuol dir quei, che uuol dare a te padrone: moſtra qua, doue ſon? Cor. Eccoi qui.
Fil. Quanti ſon? moſtra.
Cor. Ho hu fiß piu di millanta la pecora canta.
Fil. Da qua, ſe tu uuoi contiamoli un poco: quanti ſono da uero?
Cor. Gli han conti loro ſo per molto io.
s. Ghe. Dice il uero, e egli ha moſtri queſti ſono quei cento ducati, che ti diceuamo.
Fil. Non dirò altro io, ſenon che chi ha da rifare, rifaccia
Cor. Quanto ſtarà a uenire il padrone?
Fli. Glie qui preſſo il padrone: uien uia.
Cor. V è?
Fil. Vieni è in caſa, andiamo la prima coſa a bere.
Cor. Dhe ſi andiamo, che tu ſia benedetto, che chello im‑ piccato non mi laggò bere.
Fil. Entriamo in caſa: ua la.

SCENA QVARTA.

Fortunio, Stornello.

Stor. HOra, che s'ha da fare Stornello?
Va là alla caſa del ruffiano, e piaceuolmente

SECONDO

domanda, se egli ha il tuo schiauo in casa.
For. O e'dirà di no.
Stor. E così uoglio, so bene, che lui, che non conosce, e'non sa, che tu habbi altri seruitori, che mi dirà di no, se non dicesse così, si guasterebbe il disegno.
For. E poi ch'harà detto di no, ch'ho a fare?
Stor. Cacheraci su.
For. Tu mi pari una bestia: uuoi tu, ch'io indouini quel che tu pensi nella mente?
Stor. No, ma pur douereſti comprendere hormai, come la ua: entragli in casa, e cerca; e trouato, che tu lo harai, gli dirai; questo è il mio seruitore.
For. Di poi, che ne ho a fare?
Stor. O c'era la bella risposta, se nō ci era donne, lo sapeui
For. che dici?
Stor. Dico, che ci impazzerebbono le calze a brache col fatto tuo, tu ci sei piu nuouo una uolta, che l'altra.
For. O tu mi dici una cosa di mille pezzi, e prolunghila sempre; di una uolta a un tratto quel ch'ho a fare, e di poi se io te ne domando piu, e tu ti lamenta.
Stor. Quando tu lo harai trouato, l'andaremo a accusare e faremci subito mettere in possessione di tutti e suoi beni; prouato che noi haremo tutto quello, che s'ha da prouare: per hora ti bisogna fare questo.
For. Bene, hora intendo; ma se questo ruffiano non mi uolesse lassare entrare in casa?
Stor. Tanto piu colore harà la scusa, scassa la porta; e entra su.
For. E come uuoi, che io entri su, se per sorte si reca con uno spiede alla porta?
Stor. con uno spiede alla porta? cotesto è ben uero le pri-

C iiij

ATTO

me sarebbon le tue, andiamo ad armarci; e poi sarem
li forti. Io piglierò uno spiede, e starò così li discosto:
uieni, andiamo a saluum me fac.

For. Vedi, che non sai ancor tu ogni cosa.

Stor. Questo toccaua a saper a te, che m'importaua a me,
che ti ammazassi?

For. Credotelo, che tu ti curcresti poco, ch'io fussi squar-
tato.

Stor. Le son le busse; che tu mi dai certe uolte, che son tue
nimiche mortali: entr'oltre.

SCENA SESTA.

Filarco, Stornello, e Fortunio.

EGl'è ben uero, che chi sognia, sognia: & io matto haueua preso tal fantasia del sogno, ch'io ha
ueua fatto sta notte; che non poteua credere, che non
mi auuenisse qualche strano caso: & quando io uiddi
que seri, m'entrò un farnetico di non gli uolere udire, e uedi, se io era una bestia; mi perdéua qui cento
scudi, che bellamente ho cauati a costui delle mani; in
fine chi ha uentura, gli basta ogni poco di senno. O
san Paolo. Io era pur condotto al uerde. Io non pote
ua piu: hora alla barba di questo menchione, per pa
recchi giorni non mi può mal tempo; e'l bello è, che
costui è il piu grosso buffalone, che habbia il mondo,
e que seri babbioni si pensauano, che lo facesse per
malitia.

Stor. Ecco il ruffiano, che esce appunto di casa: ua uia,
Fortunio.

For. Horsu piglia lo spiede, e aspetta costi: che diauol non
ti mettevi in capo un tino?

SECONDO 21

Stor. E io son al tuo piacere. Io non uoglio andare a capo scoperto: ua pur la, so che puo piouere io.
Fil. Io poſſo fare di tranquillare Fortunio, e tirarlo su a quattro mila ducati, se uorrà Floria; ma è egli queſto, che uien qua?
For. Buon di Filarco.
Fil. Dio ti dia il buon di, il buon'anno, il buon ſempre, il mio Fortunio gentile.
For. Hou queſte ſon molte carezze ſta mattina, Filarco, che uoglion dire?
Fil. Non ſei tu huomo, che meriti queſto, e piu? oltre ch' io ti deſidero bene, e che ben ti uenga.
For. No no altro importa queſto, tu non sogli far coſì.
Fil. Ti dirò; e poueri non ti poſſon mai fare troppo buō uiſo, ne troppe carezze, & hora, ch'io mi truouo un poco meglio, non é marauiglia, se io ti ſo queſte accoglienze.
For. Credotelo, che tu ti truoui meglio, mercé de miei danari, aſſaſsino.
Fil. Che danari?
For. Che danari? non ueggo, che tu diuenti roſſo, e comin ci a tremare.
Fil. Che tremare, o non tremare, paioti huomo da tremare?
For. Dimmi un poco, non hai tu in caſa il mio schiauo?
Fil. Io in caſa mia il tuo schiauo?
For. Tu ſi, in caſa; ma ſi, e hami fatto furare ſi, guarda come fa bene il balordo.
Fil. Che balordo, o non balordo, tu debbi uolere altro da me; ua, e cerca tutta la caſa se tu ci truoui tuoi ſeruitori, non ti uo dire altro, fammi impiccare, come

io merito.
For. Non mene pregare, ch'io so, che ui è, e se uelo truo=
uo, ti farò pagare il frodo de tuoi errori.
Fil. Oime filo.
For. Al nome di Dio, cercar uoglio.
Fil. Di, se io uerrò almanco.
For. Vogli, o non uogli, ladroncello.
Fil. Che ladroncello, io non fui mai ladro', Fortunio.
Stor. Sta forte, leua li, che ci è, pon giu l'arme, che cosa è
questa.
For. Non gli dare Stornello, fermati costi tanto, ch'io cer
chi la casa a mio modo; siamo a Baccano, brutto pol
trone.
Stor. Metti drento la spada; perche non gli uuo tu lassare
cercare il suo seruitore?
Fil. Io lo lassaua cercare, se me l'hauesse detto piaceuol=
mente.
For. Che piaceuolmente, che ti pare egli essere?
Stor. Va uia, Fortunio. Filarco, lascialo andare; non impe
dire la Iustitia.
Fil. Io lo lascio andare: uadi pure, o Dio, io son fuor di
me; non sei tu Stornello?
Stor. Si son: non mi conosci?
Fil. Io nō ti conosceua, il mio Stornello, e che t'ho fatto?
Stor. A me nulla; ma tu hai fatto errore a negare a Fortu
nio il suo seruitore.
Fil. Che altri seruitori, che te ha egli il tuo padrone?
Stor. N'ha dua, uno de quali sono pochi di, che fece uenire
di uilla, e parendogli, che fusse molto fidato, gli die=
de il gouerno della casa; hora gl'ha tanto saputo fa=
re, che gl'ha tolti cento scudi, & esſi andato cō Dio,

SECONDO

e Fortunio ha inteso, che tu lo hai in casa.

Fil. Gl'è uero, ch'io ho in casa mia uno sciocco foreſtiere, ilquale mi fu menato qui da duo seri. Io non so, se gl'è piu di Fortunio, che d'altri; io l'ho ritenuto i casa

Stor. Non piu: coteſto è eſſo. o Filarco, tu sei rouinato; fuggiti, che ti farà impiccare.

Fil. Impiccare; o i piccāſi gl'huomini a torto, Stornello?

Stor. Odi, non piu parole. I ti uò bene: ſiene certo: tu lo uedrai.

Fil. O in che modo?

Stor. Non lo so io; diſcoſtati. Io non ti uo dire ogni coſa, io non uoglio, che mi uegga parlare con te, accioche non creda, ch'io tenga mano a queſta coſa; e gia so che ne dubita.

Fil. Eh Stornello, tu sai pure che io ti sono amico.

Stor. E però fa a mio modo, che non ti conſiglio ſe non il tuo bene.

Fil. O che uuoi, ch'io facci?

Stor. Fuggiti.

Fil. E mi pare ſtrano fuggirmi, non hauendo errato.

Stor. Come non hauendo errato, tu gl'hai negato il suo seruitore schiauo: tu l'hai brauato; e che piu, lo trouerà hora col furto addoſſo in casa tua: non ti fa meritar le forche. Io mi marauiglio, che tu non ſia diſcoſto cento miglia.

Fil. Orſu Stornello uo fare a tuo modo: io mi ti raccomando.

Stor. Va uia preſto prima, che tu ſia appiccato caldo, caldo

ATTO
SCENA SESTA.

Stornello, Fortunio, Coreggiuolo.

    COrri qua Stornello, io ho trouato costui nasco=
    sto tra le botti:corri, piglial di costà; tiral fuori
Cor. Ha che ui uenga la rabbia assassini.
For. Piglial di qua, che gl'è briaco, com'una zuppa.
Cor. Giesu misericordia, o diauol che farai?
Stor. Vieni uieni, che ti so dire, che tu sei concio.
For. E doue è il ruffiano, Stornello?
Stor. S'è ito con Dio; & io l'ho confortato a fuggire, per=
    che dia piu colore alla cosa.
For. Noi non lo potrem dunque fare uenire alla corte, o
    tu hai fatta la bella castagna.
Cor. Tienmi tienmi non odi due tiello tiello sta sta su su.
Stor. Sta queto, che ua meglio, che noi non uoleuamo: io
    gli ho messo un grillo nella testa, che tu harai Floria,
    e quel che tu uorrai senza andare piu a corte.
Cor. Hou hou te te, piglia piglia, laggamire.
For. E in che modo farai?
Stor. Io l'ho pensato, e ordinato bene, mettiamo costui in
    casa, e lassa fare a me, e Coreggiuolo.
Cor. che ci è? che dici huo huo huo.
Stor. Va la in casa, ugla.
Cor. Vuo uuò, che ti monti in sulla cauaīla.
Stor. Sì sì, e doue?
Cor. Arri, che ti scortarri sliij arrista.
Stor. Su alto, tocca bene.
Cor. O o o machella.
Stor. O ti die Dio.
Cor. Hai ueduti i miei buoi? hai ueduti?

SECONDO 23

Stor. sta queto imbriaco.
Cor. Mene incachi?eu cir cira hin hin.
For. Stornello, io t'aspetto in casa, ch'io uo por giu quest'
arme, che le m'ammazzano. tira oltra costui.
Cor. sai la mia uacca ha fatto il polleruccio: o glie bello,
ogl'è bello. tira tira a te, coglie o loccaioni ero.
Stor. Corri corri, o coreggiuolo, corri a porri.
Cor. Vsò usò? o potta di s. Frignano, o corgono aspetta,
aspetta ti cauerò gl'occhi con l'ungbie.
Stor. Vien'a bere, uien'abere, coreggiuolo su alto.
Cor. Alto tiene tiene bruu ce.
Stor. O che ti uenga il cancher reci in la poltrone.
Cor. He buo he o i ho le gambe grosse, o le son grosse, o
Dio mira o le son grosse.
Stor. Il capo ballo grosso?
Cor. O giomella.
Stor. Oo.
Cor. Vieni uia alla macchia, uieni. o io ho il gran sonno ha
ha u ha.
Stor. sta su, non ti spogliar, che uuoi fare?
Cor. Voglio ire a pigliar i canocchi.
Stor. Ti lasserò spogliar io, fa pur uia; chiudeteui gl'oc-
chi donne.
Cor. Hao hau ha.
Stor. Vieni, andiamo a letto, uien qua non odi? doue uai?
Cor. Leua leua, tiello tiello, o Biagia dagli dagli al lupo,
al lupo hou hou hou.
Stor. Ho hou, ua pur uia tu sei crogio: ua doue tu uuoi: hor
che tu sei in farsetto botati alla Nuntiata, se tu capi-
ti in mano de fanciulli.

IL diauol, ch'i non m'intoppo in questo rubaldo.
Oue diauolo è egli?
Stor. E questo il Fiorentino garzon del ruffiano? egl'è esso certo.
Fio. Io sono stato a parlar a M. Iacopo Gondi camerier del Duca, e gl'ho racconti i casi miei.
Stor. Costui chiacchiera da se, pensa quel che farebbe, se egli hauesse compagnia.
Fior. Egli m'ha detto, che io uada all'Officio da parte sua, che mi farà pagar, che non ne caschera un danaio in terra.
Stor. Che ci è, Fiorentino? hai tu nulla da ascioluere sta mattina?
Fior. Dhe lasciami stare, stornello: che io ho altre faccende, che badare a casi tua, lasciami ire, che io ti so dire: che io ho il canchero in tul capo.
Stor. Che hai, che ti uenga il mal di s. Lazzero? che è del tuo padrone?
Fior. Non sai tu, che io non sto piu seco?
Stor. Tu uuoi la pastura è?
Fior. La pastura uuole egli meco, e mi cacciò sta mattina per non nulla; a anche mi uolle dare sopra; ma io glie ne farò anche costare amaro.
Stor. Mi marauigliaua, che io ti uedeua cosi alla leggiera che pare che tu chiami un Luglio discosto un'anno.
Fior. Egli mi ha rubati i panni miei, ma io sono per le uie: lascia lascia.
Stor. E'ti ha fatto il douere; che non fusti mai da tanto di

SECONDO

darci una notte Floria nelle mani.

Fior. Sai tu quel ch'io ti dico: anche potrei torgnene: e far gnene torre.

Stor. E in che modo?

Fior. Tant'è in fatti: i lo so ben'io, ell'è cosa, quando si sa-pesse.

Stor. Tanto haueftu fiato; quanto io credo, che tu sappi nulla: ma io ti so ben dire, che il ruffiano s'è ito con Dio; e che Floria, e la roba sua sarà data hor hora per uia della corte in mano al mio padron. e se lui fuſ se trouato sarebbe appiccato.

Fior. Che ha e' fatto da douero?

Stor. Tu lo uedrai: non ti uo dire altro.

Fior. Io lo uo ire hora a trouare a casa.

stor. Sì a casa, gl'è ora discosto a Fiorenza uenti miglia.

Fior. Vuomi tu dire quello, che egli ha fatto?

stor. O se tu l'sapessi; Fiorentino.

Fior. Vuomelo tu dire?

stor. Sì, se tu mi dici, in che modo si potria cauargli Floria dalle mani.

Fior. Io lo ho in giuramento.

stor. Tu hai il porro: tu hai più presto paura di lui; que-sto debbe essere; che altrimenti tu diresti.

Fior. Do dati'l mal'anno, cretu, ch'i habbi paura de fatti suoi? che al sangue mio io ne uo quattro alla cintola de suoi pari.

stor. O credi a me, che tu debbi hauer paura: o tu non sai nulla.

Fior. O io tene dirò alla fine; la Floria che e tiene per ischia ua, non è schiaua; ella è libera.

stor. Come libera: che'la uuol uendere?

Fior. E però, perche teme, che non gli sta riconosciuta, che ei la ha rubata il ghiottone.
stor. E doue la ha tolta?
Fior. A Genoua.
stor. E che ne sai?
Fior. Me l'ha detto la Lena: e m'ha ancor detto, ch'ella era schiaua del padre di questa fanciulla, e come si fuggì con Filarco.   stor. In che modo?
Fior. La Lena si innamorò di Filarco, che staua quiui rita alla guardia di Genoua, e fuggissi con questa fanciullina: intendimi tuè?
stor. Per discretione, non gia, che tu mel sappi dire; ma il caso sarebbe, che fusse uero.
Fior. Io non so io, se si è uero, o non uero: quel io sapeua te l'ho detto; la Lena me lo ha messo in segreto, & ham melo racconto anche dieci uolte, hor che di tu, che il ruffiano si è ito con Dio?
Stor. E io mi burlaua a dirti il uero.
Fior. O tu sei il gran cicalone, uuomelo tu dire?
stor. Io non posso hora, che ho altra faccenda, ua un'altra uolta.
Fior. Doh uengati il canchero intro il ceffo, uiso di porro fritto.
Stor. O guada rubaldo.
Fior. Guata prospettiua di fagiuolo.
stor. Guata faccia di tegame.
Fior. Noi ci sgarceremo altroue, pappa intingoli.
stor. Chi al mescere?
Fior. Tu lo uedrai domani, se tu capiti all'hoste dell'Amore, noi u'habbiamo a chiuchiolare a gara, in fatti uerrai tu?

SECONDO

Stor. Si uerrò, doue t'ho io a trouare?
Fior. Quiui ritta a dirimpetto a gambettare al sole.
Stor. Horsù a Dio.
Fior. Sai tu, l'hoste della Campana ha bandita la guerra a un botticin di Trebbian di Valdarno, se tu capiti quiui, ti moſtrarò col fiaſco in mano, che tu non sai nulla.
Stor. Vo, che tu mi moſtri il mal'anno, che Dio ti dia Fiorentin porco.
Fior. Tu lo saperrai figura da cemboli.
Stor. O Dio, io ho pur preſo a fauorir queſto mio padrone. Ecco il ruffiano, rouinato per un'altra uia, se gl'è uero quel che queſto Fiorentin mi dice: ma gl'è una razza coſi bugiarda, ch'io ſteſſo nõ so, s'io melo credo. se queſto fuſſe, non sarebbe poco, & io ne ſo grande ſtima: perche gia ci ho penſato ſopra un bel tratto; lo uoglio andare a referire a Fortunio, che se io lo chiamaßi qui nella uia, egli replicaßi quello, che coſtui m'ha detto, io ui infaſtidirei; e forſe cene è qualch'una, che ſta a diſagio, e però uoglio entrare in caſa e darui commodità di racconciarui. In tanto io mi cauerò queſta corazza, se Coreggiuolo in queſto mezo ui ueniſſe ueduto, chiamatemi.

ATTO TERZO.

SCENA PRIMA.

Ruberto Genoueſe.

NON poſſo senza gran marauiglia conſiderare, quanto ſta rimutata queſta terra, da quel tẽpo in qua, che io la laſſai molto piu popolata, e ripie

Floria Comedia. D

na di infiniti gentilhuomini ch'ella non è hora, e con
molta maggior abbondantia di tutte le cose. Con tut
to ciò, nulla mi parrebbe così graue, ne lo sopporte
rei con tāto mal'ageuolezza d'animo,se io qui potes
si por fine a quel trauaglio, e quell'affanno, che gia
dodici anni continuamente m'ha fatto andare pere=
grinando, a tale, che non è quasi rimasto in tutta Ita=
lia Città, ne Castello, che io non habbia cerco minutis
simo per far pruoua, se fusse stato possibile ritroua=
re questa mia persa figliuola; che gia tanto tempo ho
cerca, e di continuo uo cercando con grandissima fa=
tica, e disagio; poi che la mia età non permette, ch'io
piu homai lo possi sopportare; o Dio è possibile, che
anco nō ne possa ritrouare uestigio alcuno? Deh piac
ciati hormai por fine a tante miserie, sì ch'io possa
tornar piu contento, e saluo alla mia patria, leuan=
uandomi di questa Città, doue s'io fussi conosciuto
per Ruberto, per tenere io parte Francese, tutto il
mondo non terrebbe, ch'io non fussi subito ritenuto
in stretta carcere, e forse condotto a peggio.

SCENA SECONDA.

Fortunio, Stornello, Ruberto.

Dici tu, che il Fiorentino t'ha detto Floria esser li
bera? Io non so, se io lo credo, ma poniamo, che
sia uero, che uorresti tu fare, Stornello?

Stor. Bisognerebbe agio, e buio; ma io ti crederei mostra=
re il piu bello inganno, e'l piu colorato, che si facesse
mai a dì de' Christiani sopra questo fatto.

Rub. Che mi gioua esser ben nato, & abondante di tesoro,
quanto altro Genouese, hauendo perduto quanto be

TERZO

ne, quanta speranza io haueua in questo mondo?

For. Attendiamo, Stornello, a quello, che habbiamo incominciato, non mi cercare i fichi in uetta.

Stor. Non ti piacerebbe, Fortunio, che Floria fusse libera?

For. Si certo, perche nō è senza mio gran biasimo essere innamorato di Donna serua.

Rub. Ma chi sa, doue a quest'hora la sia condotta? Io non penso gia, che chi la tolse, la togliesse con intention di non seruirsene.

For. Io penso, Stornello, che quando la fusse libera, e fusse riconosciuta, io peggiorerei di conditione.

Stor. Perche?

For. Doue io la son sempre per hauere, e farne quello mi parrà, io non l'harei, & in oltre, s'ella è Genouese, oue la fusse conosciuta, sarebbe menata a Genoua, & a me bisognerebbe seguitarla.

Stor. Hor fusse domane, che noi ci hauessimo a partire di questa terra cosi misera, ch'ogn'uno, che ti conosce, si marauiglia, che tu ci stia; & a dirti il uero, ancorche io sia schiauo, io non ci uorrei essere dipinto; tu stai qui fra la fame, e la guerra, cose, ch'ogni cā le fugge.

For. Tu hai ragione, stornello, ma egli m'è forza di stare, oue sta il mio core, non solo qui, ma s'egli stesse mezo al fuoco, io non saprei uiuere altroue.

Rub. Che poteu'ella in cosi tenera età hauer commesso di male, che la meritasse cosi lunga penitenza?

For. Chi è costui, che cosi par nuouo? guarda, stornello.

stor. Certo, che debbe esser uenuto il di del giuditio.

For. Perche?

stor. Non lo uedi? questo è il profeta Nabuc resuscitato, miralo in uiso.

D ij

Rub. se ben mi ricordo, qui soleua stare Alessandro Frescobaldi amicissimo mio, ma potrebbe hauere cambiata la casa; e però ne uoglio innanzi domadar costoro, ch'io ueggo qua.
For. Costui uiene inuerso noi: fatti innanzi stornello, domanda quel che uuole.
stor. Egl'ha uiso del gran babbuasso.
Rub. O gentilhuomo?
stor. Non ti dis'io, che costui era un pecorone, mi chiama gentilhuomo: tu non l'hai colta; perdonami, io son seruo, nato di seruo, poco gentile, e manco buono, se tu uuoi hor nulla da me, domandami pel mio nome.
Rub. son contento, o manigoldo.
stor. Hora mostri d'hauere qualche discorso, che uuoi? che cerchi?
Rub. Vn M. Alessandro Frescobaldi.
stor. Hauestu il capo, doue gl'ha i piedi.
Rub. Quale è la casa sua?
stor. Volterra è la sua casa.
Rub. E'non è dunque in Fiorenza?
stor. si èsl, se il diauol non nelo ha portato: che uuoi tu da lui?
Rub. Haria da parlar seco di cosa, che gli saria cara.
stor. sarebbe come parlar al uento: perche ha giurato, che non uuol piu sentire parlar a nessuno.
Rub. Per qual causa?
stor. Per quella, che disse Berto alla moglie.
Rub. Ham?   stor. Dorme dico.
Rub. Di gratia, menami doue egli è.
stor. Credo, che lo gittassino al carnaio, se ben mi ricordo; se tu uuoi, ch'io uiti menu, fa tu.

Rub. Tu mi dicesti, ch'eri un manigoldo: ma tu sei un ghiotto, e un tristo, che ti pare hauere a scorgere, pezzo d'asino?
Stor. Genouese capo auzo, oh hou ua la ua la.
For. Che ci è, stornello? che domāda questo gentilhuomo?
Rub. Costume ueramente poco gentile, e poco cortese lo strattare i forestieri, ma non mi marauiglio, che tu facci in altro modo, poltrone.
Stor. Tu sei huomo di poco ingegno, non ti diss'io, che io ero poco buono? di che ti lamenti dunque? s'io hauessi fatto altrimenti non mi sarei io smentito?
For. Sta queto, leuati di li, Stornello, doue hai imparato a scorgere i forestieri? lassate, gentilhuomo, costui, cercate uoi cosa, che io ui possa dare?
Rub. Signore, io cerco di un M. Alessandro Frescobaldi.
For. Chi uoi cercate è morto, gia sono quattro anni.
Rub. Come morto? **Stor.** Cosi stessi tu.
Rub. O fortuna inimica, ben m'hai tolto a perseguitare in tutte le cose. O fratel caro, ohime questo mi mancaua a colmar il uaso del mio dolore.
For. Chi uoi piangete fu mio padre, ne posso pensare ch'il pianto uostro sia causato se non da congiungimento di sangue, e di gran beneuolenza portatagli.
Rub. Nessuna parentela, o uincol di sangue fu tra me, e tuo padre: ma stretto nodo d'amicitia; ma dimmi non sei tu Fortunio Bibulo? e mi pare pur conoscerti alla simiglianza fanciullesca.
For. Io son Fortunio al comando uostro.
Rub. O Fortunio, o figliuolo, o unica speranza del mio caro Alessandro, io non posso hauere gli spiriti per il grande dolore pronti a esprimere l'angoscia, che mi

D iij

ha dato l'udire il duro caso della morte di tuo padre,
o mio dolcißimo amico. Io sono Ruberto Fregoso Genouese, tanto di tuo padre, e tuo, quāto mio proprio

For. Voi sete Ruberto Fregoso, certamēte caro, & amato
dal padre mio; o Ruberto, io nō m'allegro meno di ue
derui, ch'io mi rallegrerei di ueder uiuo, e sano il caro mio padre, il quale uenendo alla morte, mi lasciò p̄
padre uoi, e hora p̄ padre u'accetto; e p̄ padre ui tēgo

Stor. Mi mancaua a seruir questo piu a me: sono de' miei
guadagni.

Rub. Et io per figlio ti uoglio, Fortunio, ne ti porto manco amore, che a Alessandro tuo padre.

Stor. Io uoglio pure riconoscere Ruberto, quando l'altra
uolta uoi fuste qui in casa, ricordateui uoi, che tal uol
ta per sollazzo mi gettasti uestito uestito in Arno?
uoi ui uestiste pur un tratto da capo à testa di uerde:
ricordateuene?

Rub. Non sei tu quel pezzo di rubaldo di Drusino?
Stor. Si son: ma costoro mi chiamano Stornello.
Rub. Perche?
Stor. Perche io son carnaccia, come di Stornello; ma lascia
mo andare, uoi sete il ben uenuto Ruberto, sappiate,
che nessun tempo potauate uenire piu al proposito,
ne che piu uoi potessi piu giouare a costui.

Rub. Perche?
Stor. Voi sete Genouese, è uero?   Rub. Vero.
Stor. Hor sta a udire, Fortunio, io ho pensato la piu sottile astutia, la piu solenne ribalderia, che tu udissi mai
a tuo dì.   For. Sopra che cosa?
Stor. Sopra i tuoi casi, sai bene, che io non ho mai altri pen
sieri, che farti contento.   For. Di in che modo?

TERZO

Stor. Voi potete Ruberto giouarli piu d'huom, che uiua.
Rub. Eccomi apparecchiato: domandi.
Stor. Egli ama sopra tutte le cose del mondo una schiaua
d'un ruffiano qui uicina.
Rub. L'amore è cosa da giouani, in questo egli ubbidisce al
l'età.
Stor. Il Ruffiano è tristo, ribaldo, il peggior huomo, che
sia sotto le stelle.   Rub. I ruffiani son tristi tutti.
Stor. Di maniera, che egli scorge costui, lo pela, e tienlo in
sulla fune; & a pena glie la lascia uedere.
Rub. Tu sei dunque mal condotto Fortunio.
Stor. Egli gl'iela uuol cauar dalle mani.
Rub. Perche non lo fa presto, se può?
Stor. Non può, doue uoi non l'aiutate.
Rub. Ditemi quel che io ho da fare presto, ch'io mi consu-
mo mostrarti se io mi sforzerò in tutte le cose, ch'io
potrò fare di contentarlo.
stor. Hora noi tel diciamo hauiamo inteso, che questa gio
uane, che lui tiene per ischiaua, è libera, e che egli la
furò gia piccola a un gentilhuomo.
Rub. In che luogo?   stor. A Genoua.
Rub. Come a Genoua? o u Dio, come si chiama.
stor. Floria.   Rub. Hai sorte cattiua.
stor. Così sta: hora bisogna, che uoi diciate, che la sia uostra figlia, e facciate il doloroso, come se fusse uero,
dicendo, che ella ui fussi rubata gia sono dodici anni:
intendete?
Rub. O Dio tu mi fai tutto intenerire, stornello, e comin-
cio a lacrimare: stor. Di che cosa?
Rub. Vna figlia piccola d'anni tre mi fu menata uia insieme cō una schiaua, ne mai dipoi ho potuto ritrouarla

D iiij

stor. O solenne ribaldo, come fa del proprio.
Rub. Et intorno a questo ho consumato gia dodici anni, e speso infinito tesoro.
stor. Parti, che l'hauesse le lagrime in punto: O simulatore guarda li.
Rub. O misero uecchio, o uecchio sfortunato.
stor. si e, si e, ou buono, o buono.
Rub. Nato sotto crudel destino.
Stor. Benissimo, a cotesto modo non mutare mente, tu fai del naturale, guarda huomo astuto, se non pare, che sia uso a recitar in comedie; cosi sa simulare i gesti, e le parole d'un, che si lamenti.
Rub. Ohime, che io non farò mai piu lieto; poiche io ueggio mancate tutte le mie speranze.
stor. Non piu; tu saprai far, ch'io non so, s'io stesso sapessi finger meglio.
Rub. Io non ti posso ascoltare, lassami un poco respirare. Non ti marauigliare, Fortunio, delle mie lacrime: Io non sono per altro a Fiorenza, se non per quel che costui mi dice, però che gia sono dodici ani, che mi furō tolte una schiaua, & una figlia piccola in quel modo apunto, che costui narra, & ogni cosa si affronta, fuor che il nome; perche non Floria, ma Gianchinetta la chiamaua.
For. Io mi dolgo, Ruberto, della sorte uostra maluagia e certo quest'e cosa da lagrimare; ma non ui spauenti il nome della figlia, perche forse l'hanno rimutato; e se l'altre cose s'affrontano, questo e poco; in che modo ui fu ella tolta?
Rub. Io era in uilla, & haueua lasciata la schiaua in Genoua con questa fanciullina.

TERZO

Stor. Come si domandaua la schiaua? Rub. Lenetta.
Stor. E questa si domanda Elena: certo ell'è essa, di che sta
tura? Rub. Alta, e di letine.
For. Di che tempo? Rub. Di uent'otto in circa.
stor. Certo ell'è questa: Ruberto, riconoscerestela uoi?
Rub. La crederei riconoscere fra mille, ell'era, secondo che
dipoi ho sentito, innamorata d'un soldato, che staua
quiui alla guardia; e pensomi, ch'ella sene andasse seco
stor. Siate certo, Ruberto, che il cielo ui uuol contentare:
Apunto, Fortunio, si ricontra in quello, che mi dice-
ua il Fiorentino, e Filarco è il soldato, certo, non pe-
sate piu.
For. O padre auenturato, rallegrateui, che se certo ell'è
cosi, uoi hauete gran ragione di rallegrarui; ma non
manco il mio gaudio, poi che non solo sono allegro di
uedere, che uoi habbiate ritrouata la smarrita figli
uola; ma molto piu di uedere, che colei ch'io amo uni
camente, sia uostra figlia. Imperoche spero, che uo-
lendola io per moglie, uoi me la darete ; e di tanto ui
prego.
Rub. Dhe Fortunio, che bisognano questi preghi meco? sap
pi, che io non meno desidero di dartela, che tu di pigliarla, prega pure Iddio, che sia cosi, com'io credo,
di poi non solo lei ; ma harai al tuo comando quanto
io possiedo al mondo.
For. Io ui prego in singular benefitio, che mela promet-
tiate specialmente, che rispondete?
Rub. Te la prometto; te la dò; te la dono, come tu uuoi. an
diamoci pure a far certi, che sia essa.
stor. Fermateui: noi siam rouinati. For. Che cosa è?
Stor. Dubito, che noi non siam giuntati.

For. *Di che? parla, di presto.*
Stor. *Ho paura, che questo ruffiano ribaldo non si sia andato con Dio, menatone Floria, e portatosi i cento scudi. ci ho pensato hora.* For. *In che modo?*
Stor. *Com'in che modo, haralla condotta infino a Pisa, e quiui fattola imbarcare: e se la piglia alto mare, ual le poi dreto tu.*
For. *Cotesto è uero: ma come si ha da fare?*
Stor. *Io uoglio uedere, se io lo truouo doue mi promesse d' esserc: s'io lo trouerrò lo menerò qui; caso che io non lo truoui, prouederò, che non possi menar uia colei, se però non l'ha menata sin'hora.*
For. *E dice il uero, Ruberto, entriamo in casa in tanto, accioche noi con questo habito qui non desse ammiratione: perche sareste da molti subito notato.*
Rub. *Il desio mi sprona, il sospetto m'affrena, l'amor mi stringe, la ragion m'ammaestra, la speranza mi conforta, il dubbio m'occide. Io sò Fortunio, in mille parti: consigliami tu di quel ch'io debbo fare.*
For. *Entrate in casa: questa è la prima cosa: mutereteui d'habito, e poi faremo quanto ui piacerà.*
Stor. *Vedi, che'l Diauol n'ha saputo piu di me. uedi, che ha saputo trouar modo, perche Fortunio non m'habbi a saper grado di quanto mi son tutto di hoggi affaticato di fare. harà Floria e non la harà da me: & io ho fatto la bella uescia, ti so dir io? cacò, e nõ si alzò. hora ua impiccati, Stornello, uà; domane uoglio che costui per ogni minima cosa mi rompa le spalle. Io sarà; così gli uenga il canchero; o fortunaccia, non ti uergogni a impacciarti de'miei fatti? cacascia, donde diauol hai scauato questo scatarcione, faccia di bue,*

TERZO 30

per farlo uenire a punto a darmi la uolta alla pento
la?che uenga la peste in quel uentraccio di sua madre
che lo fece ha ha aspetta,se sene uanta impiccami, tro
uerò ben io qualche scartabello.

SCENA .TERZA.

Coreggiuolo, Godentio parassito.

HOuoc o io ho dormito il bel pezzetto:o potta
di mia madre,e gl'è st alto il sole!o mi pare essere in camicia?e uero?du diauol sono i miei panni? o
dughio lagati?o la chi ha il mio mantello?non udite?
chi gl'ha hauti, datei quà, ch'io non coga l'humido,
oo, m'adirerò io, datei qua, che ui uenga la rabbia o
potta di mie madre, o du son le scarpette olle? dirò
poi di s. Piero con esso uoi. io dico datemi il mio san
tambarco,e le mie scarpette non udite?do che Dio ti
die il mal'anno, l'hai tu è?da qua, che l'ha quelle donne, quai sotto la gonnella elle la potta di s. Sebbio:
dai quà;che l'hai tu come di duol facesti a cauarmei?
oue ghiai aguattati?mostr'un poco, laggami cercare
qui.

God. O Dio gl'è la dura cosa a star a discretion d'altri,
questo ruffiano mi promesse di uenire in mercato: io
ho aspettato fin'hora quiui fermo, che sou agghiadi
to; & ognuno, ch'io uedeua da lunga, mi pareua lui:
infine guarda di quà; guarda di là.
Cor. Du uuo ch'io guardi quà?
God. Ho perso gl'occhi per ueder di costui: si pensa forse,
ch'io uoglia cenare, non desinare; a che inuitò egli? e
mi pare, che dicesse pure a desinare, è tal uolta che ui
aspetta in casa, per certo che mi ricordo, che mi disse

ATTO

torna: farò in casa, ou pecorone.
Cor. Pecoron, se tu uuoi dar qua uifo di Morfoia.
God. Che dici tu?
Cod. E mie panni, non l'odi? se' fordo? e mie panni.
God. Donde sei, com'hai nome? che panni? hai nulla da mangiare? moſtra qua.
Cor. E che ti uenga il morbo la gamire. hai?
God. Ben fai, che io gl'ho.
Cor. Dai qua, du ghiai meſſi?   God. Che?
Cor. Il mio fantabarca: horſu dai qua.
God. Che cosa è fanta barca?
Cor. E la potta di tua madre a ballatoio, fa, s'io piglio un faſſo, a che ſt, a che ſt uuomei dare?
God. S'io ti metto le mani intorno, tu nol credi gaglioffo.
Cor. Dob ſciaguratacio, aſpetta, dammi e miei panni, ſe non ti ſpezzo il ciarauello, daramei.
God. Sie ſte non trarre.
Cor. Sie ſte, ti farò ben io ſte ſte, dai qua.
God. Vien' oltre pon giu, e faſſi, uenne teli uo dare.
Cor. Eccoi poſti da qua u sonno?
God. Ho ho hor che dici, hor ti ci ho colto aſpetta, hor ti darò e panni, to eccoti e panni.
Cor. Oi oi oi.   God. O ti die Dio poltrone.
Cor. Gieſu miſericordia ooi.
God. Vuoi tu piu tuoi panni.
Cor. O che ti uenga l'anguinaglia cancheroſo oi.

SCENA QVARTA.

Fortunio, Coreggiuolo, Godentio.

Cor. CHE cosa è questa? ſta ſaldo: non darò.
Soccorſo, oime, o traditore.

TERZO

God. *ti cauerò il matto del capo, poltrone.*
For. *Che cos'è questa, Godentio? perche gli dai? lassalo: sta saldo.*   Cor. *Hai furfante.*
God. *Furfante, matto matto.*
For. *Che hauete da partire? uien qua: doue uai?*
Cor. *Oimene oimene ha ha, leua leua.*
For. *Sta fermo, non trarre uien qua: tu non credi?*
Cor. *Leuateui oimene.*
For. *Sta fermo: che t'ha fatto?*
Cor. *M'ha rotto il forame, il traditore, laggatemi.*
For. *Se tu non stai fermo, poltron poltrone, ti darò tante mazzate.*
Cor. *M'ha tolto e miei panni; m'ha dato.*
For. *Da qua: pon giu e sassi: uien oltre. io ti ricordo, Godentio; che questo è mio seruitore, e sta in casa mia: perche lo batti?*
God. *Mi truoua qui a caso nella uia, e domandami non so che panni; e dicemi le maggiori poltronerie, che io udissi mai: di poi piglia un sasso, & emmi stato per ammazzare.*
For. *Perche gli uoleui dare?*
Cor. *Mi ha spogliato fine alle scarpette; e poi mi sta a d a.*
For. *E uero, Godentio?*
God. *E io mi marauiglio di te, Fortunio, io non lo uiddi mai piu questo matto, se non hora, che io l'ho trouato qui in camicia, che Diauolo ho da fare con esso.*
For. *Egl'è mio schiauo.*
God. *Tu l'hai scelta, si uede ben, che tu hai del pan d'auanzo a darlo a questa bestia.*
Cor. *Bestia sei tu, manico me di te, uiso d'arpione.*
For. *Horsu fate la pace.*

ATTO

Cor. Voglio e mie panni.

For. Sono in casa vien qua; sono in casa.

Cor. Voglio ire a ueder, se ui sono.

For. Vien qua prima, uoglio che tu facci la pace, tocca qui la mano a costui.

God. E di gratia, Fortunio, lassa ādare questo manigoldo.

Cor. Manigoldo o ou sl ti truouo alla macchia; uiso di giudeo, capitami alle mani.

For. Ti so dire, Godentio, che tu ti eri dato nel tuo biso= gno, o io harei uoluto, che ti hauesse dato quattro sas sate buone.

God. Le sono delle tue, Fortunio, egli m'ha hauuto a uitu= perare; ma io ti so dire, che questa cosa costerà cara a te.   For. In che modo?

God. Darammi desinare, s'io non desino qui col ruffiano tuo uicino.   For. Che n'è del ruffiano?

God. Io lo lasciai questa mattina qui con certi seri, promes semi dare desinare; e disse ch'io l'aspettassi. Hor io nō poteua piu stare: ueniuo a uedere, se gl'era in casa, che io mi muoio della maladetta fame.

For. Tu puoi desinar meco a tua posta; che il ruffiano nō tene puo dare.   God. Perche?

For. Se ito con Dio: non lo sai?

God. Cotesta è la prima: e perche causa?

For. Per le sue uirtu: perche credi?

God. Ha menata seco Floria?   For. Qual Floria?

God. La tua innamorata; il tuo cuore, guarda come fa il minchione?

For. Che ne sai, Godentio, che la sia mia innamorata?

God. Come che ne sai: basterebbe, che io fussi solo a saplo.

For. E chi lo sa?

H H

God. Ho bou riniego il mondo, se gl'è fante, facchino, fer-
rauecchio in Firenze, che non sappia, che tu ne stai
male, e che tu sei alle man col ruffiano di comprarla,
e tutte queste belle cose.
For. Donde lo sanno?
God. Donde lo sanno, dice, da te Diauol, che tu non ti au-
uegga di quel che tu fai?
For. O che sò?
God. Vuoi, ch'io telo dica? haralo per male?
For. Che per male, sai bene, che puoi dir a sicurtà quel
che ti piace: di sù, che sò?
God. Mille cosaccie, che non stanno bene. Io lo dirò pure:
tu non tele leui mai d'intorno, doue ella uà, e tu sei, tu
le fai il bellaccio intorno: tutta la notte cantepoli ui
cino alla casa, quando tu li sei presso, fai lo spasima-
to, che ogn'un se ne accorgie, e pouerello, ell'è bella,
sì, gentile, uirtuosa, e costumata; e uuolti bene; e io lo
so: ma tu sei condotto a cattiue mani; e il ruffiano ti
conosce, e se tu la uorrai, tu entrerai per l'uscio.
For. E, Godentio, tu non sai bene ogni cosa, per l'uscio en-
trerà egli, se uuole nulla da me.
God. Sì sì dattelo ad intendere.
For. Vedralo: che diresti, se tu uedeßi questa sera Floria
in casa mia?
God. In tuo arbitrio?
For. In mio arbitrio, e piu oltra mia moglie, che dici?
God. Come tua moglie; non ti uergogni a pigliarla per
moglie?
For. No, che ella è libera, nobile, e ben nata, quanto io mi
sia.
God. Cotesto è molto, e da quant'in qua tante cose?

For. Da stamattina in qua, è uenuto un Genouese in casa mia, mio amicissimo, il quale a molti segni afferma questa esser sua figliuola, e quando sia, me l'ha promessa per moglie, & hora uogliamo andarcene a certificare.

God. O Fortunio beato, che mi dici tu? Io stupisco. ou' è costui, quando andate? innanzi desinar o dopo? Io uoglio esser con esso uoi.

For. Eccolo che esce fuora: uieni, che doue sia uero, tu desinerai, e cenerai meco piu d'un giorno.

God. Io uoglio uenire, ancor che la fame m'assassini, che io desidero ueder il fin di questa cosa.

SCENA QVINTA.

Ruberto, Fortunio, Godétio, Floria, Elena.

Andiamo, Fortunio, che segua quel che uuole, mi son disposto di farmi certo questa mattina, di tanta speranza quant'io mi sento nel cuore.

For. Andiamo: quest'è la uia; e facilmente le potremo incontrare.

God. O pouero uecchio innanzi, che siate ristorato di tanti affanni, che hauete sopportati, ui bisogna stare trenta sei anni in conuiti, e trionfi, e la metà consumarne a tauola, e spendere tutto il uostro in uiuande, e boccon ghiotti.

For. Può fare il cielo, Godentio, che sempre i tuoi primi disegni sieno nel mangiare.

God. Può fare il cielo, che tu non ci pensi mai? e a che sei buono? di che uiuono gli huomini, se non di mangiare? tu nõ ui pensi, perdonami; tu non hai cara la uita.

For. Se 'l ciel permette, Godentio, che Floria sia, com'io penso,

TERZO

penso mia, io delibero di cauarti la fame di corpo.
God. In che modo?
For. Ti uoglio tanto inzeppar di torte, di capponi, starne, fagiani, che se tu l'hai in corpo, o la creperà, o l'uscirà.
God. Ho ha ho ho non studiar piu, Fortunio, che tu sei ottimo medico. Galiaceno, e porco grasso, con quanti christeristi hebbe mai l'arte della medicina, non ne seppono tanto a un pezzo.
Rub. Dhe, alto signore, muouiti homai a pietà della mia uecchiezza, piacciati, che la mia speme non sia uana Rendimi, ti priego, l'unica mia figliuola, e fammi in questo giorno allegro di quella, c'ho pianto tät'anni.
God. O Dio Bacco, ecco il tempo di riconoscer il tuo fedel Godentio, fammi ti priego, crescere un braccio il corpo per ogni uerso.
For. Ferma, Ruberto ecco colei, che tu dici esser tua figlia e quella appresso è Elena: fatti innanzi.
Rub. Mi uoglio fermar da parte, & ascoltare quel che le dicono; e uoglio ueder, s'io riconosco Lenetta.
Flo. Chi mi hauesse detto, che in fra tante donne, quant' erano questa mattina in quella chiesa, non uene fusse stata almeno una bella, non l'harei mai creso, e pur hora m'auueggo, che gl'è così. io le ho guardate tutte a una a una: infine non ho potuto ueder un uiso, che fusse da qualche cosa.
Ele. Perche?
Flo. Non so io : chi troppo naso, chi troppa bocca, chi troppo magra, chi troppo grande, chi troppo piccola, chi la fronte pelata, chi la gola grossa, chi nera, chi liuida, e chi una cosa e chi un'altra.

Floria Comedia. E

ATTO

Ele. Tu n'baueui pure una alato, che è tenuta la piu bella Cortigiana di tutta Fiorenza.
Flo. Quale?
Ele. Quella della cotta squartata di broccato, che ti sedeua a mano stanca.
Flo. Quella, che uenne con tanta pompa, e con tanta superbia, che uolse passare per il mezzo di tutte?
Ele. Si è cotesta. *Flo.* O l'è una bella figliuola.
Ele. E che le manca?
Flo. Come che le manca: è uecchia, certi labbri sottili, una certa cigliatura non so io o uedesti, che per parere d'hauer bel petto; s'è fasciata stretta cosi qui: infine se non ci è delle piu belle.
Ele. E ti pare esser bella forse a te è?
Flo. Si, che mi pare esser bella quanto lei, e so stata piu meritata, che la non è stata lei.
Rub. O Fortunio caro, rallegrati, o altissimo signore.
For. E ella dessa, Ruberto caro?
Rub. Io non so di lei: ma io ho conosciuta Lenetta, e penso certo, che ella sia la mia figliuola.
For. Ringratiato sia Dio, o Ruberto, ricordateui, che uoi mel'hauete promessa, e data per moglie.
Rub. Vero, il mio Fortunio, & hora te lo raffermo.
For. E tu ne sei testimonio, Godentio.
God. Sarò cio che tu uuoi; se tu m'osseruerai quello che tu mi hai promesso. *For.* Che t'ho promesso?
God. Tenermi un mese in casa alle tue spese: o Dio di di si, non sai, che io sono il tuo Godentio galante?
For. Che un mese, un'anno.
God. Ha Fortunio magnanimo, sempre mi piaci piu: o Godentio, prouediti a tua posta d'un filar di denti piu

per poter macinare a un mulino a tre palmenti.
Ele. E infine ti sarà pur saltata la pecora addoſſo ſi.
Flo. Che n'hauete inuidia.
Ele. Ti ſo dire, non uedeſti mai, o tu ſei la bella figliuola:
guarda guarda, chi ha fitto il capo nel bello; che ſe tu
non fußi liſciata, e acconcia, parreſti, ho uoglia di dir
telo, non ti dico, com'io n'ho inuidia: gratia di Dio
del mio tempo non harei uoluto, che alcuna me n'ha
ueſſe tolta la uolta, & almeno haueua altra preſen-
tia, & altra carne, che non hai tu.
Flo. Io non ui poſſo riſpondere, perche a quel tempo io
non u'era; e non ſo ſe uoi ui liſciauate, e acconciauate
come l'altre; ma io ui dico bene, che queſte coſe non
mi piacciono: io per me uorrei, e uoglio andare come
m'ha fatto la natura, e s'io non son bella, mio danno:
ſta poi.
Ele. O tu sareſti gratioſa: o tu sarai gentile.
Flo. Io mi ſta, e non mene curo: chi non mi uuol ueder,
chiuda gl'occhi.
Ele. Coteſto mi piace: o tu ſei ſauia. l'altre metton ogni
ſtudio, e ogni diligenza in farſi belle, e piacere a o-
gn'uno, tu uuoi ſtudiare in farti ſcorgere buona: ti ſo
dir io.
Flo. Voi mi hauete inteſo: il fare tante fraſche non mi piace e ſon una di quelle che lauato, ch'io mi sono il uiſo
con l'acqua chiara; e raſſetto la teſta, mi pare eſſer
acconcia a baſtanza.
Ele. Mi piace, che tu dica coſi: ma non che tu lo faccia, che
la ſarebbe pazzia la tua andare fra l'altre liſciate, e
non eſſer ancor tu liſciata: ben sai.   Flo. Perche?
Ele. Come perche? ogni carnaio parrebbe piu bel di te,

E ij

ATTO

se fusse lisciato, e tu no.
Flo. Senza parere, la maggior parte di noi è carnaio.
God. O benedetta ti sia la lingua, per Dio questa è la prima uerità, che io sentissi mai uscire della bugiarda bocca di questa generatione.
Rub. Fammi un piacer, Fortunio, fermale prima, che le passin piu oltre.
For. Molto uolentieri: aspetta, ben trouata, anima mia.
Flo. A Dio, Fortunio, du uai?
For. Qui da uoi, se uoi uolete.
Flo. Cosi uolessi tu me.
For. Io ui uoglio, e inanzi, che uoi passiate piu la, ui dico, che sete mia, e a uostra posta uene potete entrare in casa con la Lenetta insieme.
Flo. Hai tu dato forse i quattro mila ducati a Filarco? o Dio dimmelo.
For. Io gli uoglio dare un capestro a Filarco: egli s'è ito con Dio, e uoi sete rimaste mie; non pésate piu oltre, entrate in casa mia a uostra posta.
Ele. Come con Dio: che uuol dir questo? Fortunio.
For. Domandane cotestui, Elena, ch'io non lo so.
Ele. Come costui? chi è costui?
Rub. Son colui, che tu hai fatto tanto tempo sospirare: non mi conosci?
Ele. Non io, e non mi ricordo hauerti mai uisto.
Rub. Hai crudele.
Flo. Chi è costui, Fortunio, che piange si dirottamente?
For. E un uostro amico.
Flo. Tutti mi sono amici coloro, che mi uoglion bene.
For. E costui ui uuol meglio d'huomo, che uiua, e meglio ui cerca di fare.

Flo. E cosa che mi piace.
Rub. Dio ti conserui sana, e facciti contenta di quanto tu desideri.
Flo. Io non desidero altro, che la libertà, laquale io stimo tanto, ch'io non penso, che sia possibile, di pregare Iddio; che ti rimeriti, del saluto datomi.
Rub. S'io adunque ti ponessi in libertà, tu confessi che io ti farei tanto benefitio, quanto tu possi desiderare maggiore?
Flo. Veramente maggiore, che se tu mi donassi tutto l'oro del mondo.
Rub. Che dici, s'io ti soappresso a questo un dono maggiore?
Flo. Che uolete ch'io dica. Io son pouera, e schiaua; ne altro di bene ho al mondo, che la mia castità, la quale è ancora in pericolo.
Rub. E la libertà, e l'honor tuo uengo a saluarti, quando tu sia colei; di chi io uo cercando: domanda la Lenetta, s'ella mi conosce.
Flo. Conoscete questo huomo, Elena?
Ele. Mi pare e non mi pare.
Rub. Hai rea fimmina, ne sei in dubbio? Dimmi conosci tu Ruberto Fregoso da Genoua? ricorditi tu hauerlo mai ueduto? ou'è la figlia mia, che ne menasti teco? conoscimi hora?
Ele. Hoime misera; o padron, e padre honorando: io mi t'accuso peccatrice: io ti domando perdono. Ecco la figlia tua: quest'è la tua Gianchmetta: o Floria, questo è il tuo padre caro, al quale io ti tolsi piccola, che più stai, che non l'abbracci?
Flo. Quest'è mio padre? che cos'è questa, Elena?
Ele. Cotesto è Ruberto Fregoso Genouese tuo padre.

B iij

ATTO

Rub. O figliuola dolcissima, tãto da me piãta, e sospirata.

Flo. O padre caro, non ti marauigliar, ch'io non ti facci quelle accoglienze, ch'io ti douerei: peroche io non conosco padre alcuno, ne ancora intendo, come questa cosa uada, e stò smarrita e stupefatta in tal modo, ch'io non so, s'io mi sognio.

Rub. Io non mene marauiglio: perche la tua età non era bastante à conoscermi quando questa maluagia femina mi ti tolse. ma sappi, che tu sei mia figliuola, e da che io ti persi, che sono dodici anni passati con affanni, e pericoli grandißimi, non mi sono posato mai di cercarti: hora, mercè di Dio, t'ho ritrouata; del che sento tanta dolcezza, che io non posso esprimer le parole.

Flo. Io non mi contengo piu dunque, che io sono piena di tenerezza, o padre non sperato, o padre caro.

SCENA SESTA.

Filarco, Stornello, Floria, Ruberto, Elena,
Fortunio, Fiorentino, Godentio,
Coreggiuolo.

IO ho hauuto sempre paura, Stornello, che qualche Genouese nõ ueniße un tratto à riconoscerla, & a quel che mi dici, costui è il padre per certo. hora uedi, se tu non credi farmi perdonare, non mi ci menare: io ne uengo sotto alle tue spalle.

Sto. Non dubitare: uien uia: domandali perdono: sopra la fede mia prometto farti perdonare ogni cosa. fa pure, e di, com'io t'ho detto.

Flo. O padre forse ui parrà strana cosa l'hauermi trouata in casa d'un ruffiano.

Rub. Io mi dolgo prima della mia, e tua disgratia, Gianchi
netta mia cara: dipoi mi doglio oltre a modo della
maluagità di costei. Dimmi, Lenetta, che causa ti so-
spinse a commettere contro di me tanta iniquità? non
ti bastaua l'esserti fuggita sola?
Ele. Voi hauete ragione: Il mio errore è grandissimo Ruberto, del tutto è causa il troppo amore, che ho portato a questo Filarco, del quale era cosí accecata, che
io harei fatto maggior cose, che questa. egli m'induſ-
se a menar uia la fanciullina, & io lo feci con animo
non di dispiacerti; ma con intention di fare cosa grata a Filarco, che cosí comandaua l'amor, ch'io li por-
taua.
Rub. Come ti pati l'animo di fare tanta sceleranza?
For. Horsu, Ruberto, ella s'accusa, e dice esserne stato colpa amore, il quale accieca le menti, che non ueggiono
quel che è lecito, o non lecito: & io lo so, che lo puo.
God. Ecco Filarco, e Stornello.
Stor. Vedi, Filarco, coloro tutti insieme: cammina.
Fil. Oue sono? au Dio, Stornello, che so?
Stor. Vien uia; hai paura? lassa fare a me: se tu hauessi il
cappio alla gola, ti aiuterei a dar la uolta.
Fil. O Dio, aiutami tu in questo punto.
Stor. Ecco Filarco, salute? come passa il caso, Fortunio?
For. Bene: taci: fa motto a costui, Filarco: accostati qua: co-
noscilo.
Rub. Come ardisci uenirmi innanzi; ribaldo, sapendo la
ingiuria, che tu mi hai fatta? traditore, com'hai fac-
cia di starmi innanzi?
Fil. Io non mi posso, ne uu uoglio scusare; io chieggo per-
dono.

E iiij

For. E me che m'hai tanto ſtratiato,furfante,corrottomi
il mio ſchiauo,furato,e giuntato,che penſi,che io l'=
habbia dimenticato?
Fil. Tu hai ragione:l'ho fatto ignorantemente: i tuoi cen
to ducati gli ho reſi a Stornello:Io ti priego,che hab
bi pietà di me:io mi ti raccomando.
God. Laſſate dire a me,che m'ha fatto dilungar il collo un
miglio:uolcui farmi morir di fame.
Fil. Godentio,tu dici il uero, ti sono debitore d'un deſi=
nare.
Flo. Quando io penſo,Filarco,che tu ſei ſtato cagione,ch'
io ſono ſtata dodici anni,come ſchiaua,in tanta ago=
nia mi ſento accender d'un'ira, ch'io non ſo , com'io
mi tengo,ch'io non ti dilaceri con le mie mani.
Fil. E tu ancora mi perdonerai; ſe non per altro per l'a=
mor che come figlia t'ho portato.
Fior. Laſciam'ire. chi mi sà egli inſegnar il ruffiano?hab=
biatel uoi ueduto?
Stor. Ho hou ci mancaui tu uien qua, cialdinello ſpenchic=
rulo.
Fior. Hai tu ueduto il ruffiano?
Stor. Si,uien oltre , eccolo qui.
Fior. Oue è egli il rubaldo?
Fil. Eccomi qui;che uuoi?che domandi tu anchora?
Fior. E panni miei,nō lo sai tu?il mio ſalario,guata quiui.
Stor. O pouero Filarco, o penitenza ueramente da ruffia
no , e non ti baſta hoggi la uita con quanto hebbero
mai gl'auoli,e biſauoli tuoi, a uoler ſatisfare a tutti
coſtoro.
Fil. Infine,eccomi qui:io domando perdono a tutti. Io mi
ui raccomando:pigliatemi,e in tanti pezzi mi par=

tite, che io satisfaccia a tutti.
Stor. Horsù, poiche costui s'emenda; & io l'ho condotto qui sotto la speranza della uostra clemenza, ui uoglio pregare, che gli sia perdonato, sete contento Ruberto?
Rub. Contento a quanto ti piace.
Stor. E tu, Fortunio?
For. Assettala; che Floria sia mia sposa, che così piace a Ruberto: e uero?
Rub. Perche mene domādi piu, Fortunio? Io sō cōtētißimo
For. E uoi sete contenta Floria, anima mia?
Flo. Son contenta a quanto piace a uoi padre honorādo.
For. Il resto, Stornello, acconcialo a tuo modo.
God. Pur che io non perda il desinare; che Fortunio mi ha promesso, uada come uuole.
Stor. Horsù, Ruberto, io uoglio, che perdoniate a Filarco, e Lenetta, uenite qua domandategli perdono.
Ele. Veramente padron e padre mio, io mi uergogno a domandar perdono; tanto mi pare essere degna di gastigo, e di supplitio.
Fil. Et io, Ruberto, ho ardire di sperare nella tua clementia, e nella tua misericordia.
Flo. Perdonagli, padre per amor mio, quando per altro non lo uolessi fare.
Rub. Ancor che e'mi paia duro, e grauißimo mi sta parso il lungo affanno, io ti perdono, Filarco, e'l simile a te Lenetta; e perche per amor di costui m'ha lasciasti, e m'hai dato tanto trauaglio. io tel uoglio dar p mari to, oue ch'egli ti uoglia p moglie, che dici Filarco?
Fil. Io son contentißima, e ui ringratio.
Ele. Et io contentißima.

ATTO

Stor. Canchero ti uenga, Filarco, tu m'hai tolto la uolta. Io lo uoleua io queſto riſino; ma ſai ſanne qualche uolta p rte al tuo Stornello.

God. Filarco, buon pro: tu hai hora pure il modo a farmi godere.

Stor. Qui non ci reſta altro caſtron, ch'io, o Fortunio. Tu hai hauuto quello, che tu uoleui: ricordati un poco del tuo Stornello.

For. Che uuoi che io ti dia?

Stor. Che tu mi liberi la prima coſa, dipoi, che i cento ducati, che ho hauuto da Filarco, ſien miei, poi uo moglie, eſſer ueſtito, e l'altre coſe, che uanno per l'ordinario.

God. Potta del mondo molte coſe a un tratto, e a deſinar, Stornello non anderem mai?

Stor. Hora aſpetta un poco, o Fortunio, che fai? hai paura di non ui giungere?

Fior. Oue habbiate uoi laſciato il Fiorentino? ci son per nulla.

Stor. Doh ſta queto cicala? uuoi tu altro, che chiuchiolare quanto tu uuoi?

Fior. Ella non andrà coſì. Oue ci par egli eſſere? io uuo i panni miei, e'l mio ſalario, habbiate uoi inteſo?

Fil. Ti darò cio che tu uuoi, ſta un po cheto; uuoi?

Fior. Noe, io uuo e panni mia, e'l reſto del ſalario: cretu ſcorgermi, e giuntarmi?

For. Che hai da hauere?

Fior. Tre ducati e panni miei anche.

For. Stornello, da a coſtui tre ſcudi preſto, e leuamelo di nanzi, Fiorentino importuno, faſtidioſo, che per tre ſoldi ti romperebbono il capo tre anni.

TERZO 38

Stor. To qui presto ua da beccare a pesciolini, ua presto spogliati; che tu non sie uisto in cotesto habito fuor della comedia, che tu faresti col trato: tira.
Cor. A Dio tu della gonnella: conoscimi?
Stor. Tu sei qui, Coreggiuolo, etti uscito il uin della testa?
Cor. M'è uscita la potta di tua madre.
For. Horsù, che facciam noi piu qui nella uia? entriamo in casa, Ruberto, e li finiremo l'accog'ienze, e le parole
Fil. Io mi raccomando a tutti.
For. Che raccomandi? Io uoglio, che tu sie con esso noi, e che le mie nozze si facciano insieme con le tue. entra, Stornello, prepara, che noi definiamo: entrate, Ruberto; Venite, anima mia, sù, Filarco, mena drento Elena. sù, Godentio, che fai? fa il mio debito con que sti aspettatori.
God. Ne uengo: entrate. Brigate, queste monache uolsi, dir questi della comedia uanno a mangiar la torta in camera. Io u'inuito: ma la stanza è stretta, e la colettione è breue; a tale, che ne l'uno, e l'altro ui satisfarebbe. però uene potete andare; & io non uoglio piu star qui: che se io tardassi molto, trouerei finita la festa. Godete.

IL FINE.

INTERLOCVTORI.

Fortunio giouane.
Stornello seruo.
Floria fanciulla.
Elena schiaua.
Filarco ruffiano.
Corbello Fiorentino seruo.
Godentio parasito.
Ser Ghello notaio.
Ser Neri notaio.
Coreggiuolo villano.
Ruberto Genouese.

LODOVICO DOME-
NICHI, AL MOLTO
MAGNIFICO, ET HONO-
rando M. Bernardino
da Romena.

SSENDOMI, pochi
mesi sono, venuta al
le mani la presente
comedia di M. Anto
nio Vignali gentil-
huomo Sanese, nell'
Academia degl'In-
tronati chiamato l'Arsiccio, & per questo cognome molto più conosciuto, &
stimato, che per il suo proprio nome, &
casato non era; mi risolsi di metterla in
publico, mosso dalla piaceuolezza & ar-
gutia d'essa comedia. laquale anchorache
si come io intendo, fosse da lui piu tosto
per ischerzo, & con fretta, che con molto studio, & otio composta, è nondimeno piaciuta, & lodata da molti per cosa
ingegnosa; tanto che per communicarla
a tutti ne compiacqui il nostro Filippo
Giunti. Perche ragionádo io questi gior
ni seco, & cadendo il ragionamento no-

ſtro ſopra la nobiltà della giouentu Fiorentina, Egli; ſi come molto affettionato alle virtuoſe qualità voſtre, mi fece venir deſiderio, & non piccolo, d'eſſerui amico. Doue vdendo io, come Voi per trattenimento de'uoſtri piu honorati ſtudi, vi dilettate aſſai di ſimili componimenti, penſai di douer farui coſa grata a intitolare queſta comedia al nome voſtro. Et bēch'io nō aſpetti da Voi, ne d'altri loda, ne premio, per hauerui donato coſa, che nō è mia: nondimeno mi darò a credere, che Voi l'harete cara, riſpetto alla qualità del dono, e al nome dell'auttore; il quale nō è molto, che paſſando a miglior vita, ha laſciato di ſe grandiſſimo deſiderio a tutti coloro, che l'hanno conoſciuto. Pigliate dunque in grado anchora la mia affettione: & habbiatemi nel numero degli amici voſtri. A 4 di Maggio 1560.
In
Fiorenza.

804798

www.ingramcontent.com/pod-product-compliance
Lightning Source LLC
Chambersburg PA
CBHW020335090426
42735CB00009B/1547